CON EL TANGO EN EL CORAZÓN MIT DEM TANGO IM HERZEN

CON EL TANGO EN EL CORAZÓN MIT DEM TANGO IM HERZEN

BEGEGNUNGEN IN BUENOS AIRES

FOTOGRAFIEN von CHRISTIAN SAUTER

Mit Texten von Jorge Luis Borges, Horacio Ferrer und anderen

nicolai

VORWORT

Denkt man an Tango, dann kommen einem unweigerlich die immer gleichen Bilder in den Kopf: eng umschlungene Paare, Sinnlichkeit, großes Gefühl. Doch was ist dran an diesen Bildern? Ist das wirklich Tango oder nur sein Klischee?

Als ich mich auf den Weg nach Buenos Aires machte, um auf Bitten meines Freundes Ivo Fuchs die Dreharbeiten zu seinem Film *Con el Tango en el Corazón* fotografisch zu begleiten, hatte ich nur sehr vage Vorstellungen von dem, was mich erwarten würde. Im Gegensatz zur Werbefotografie, bei der meine Arbeitsabläufe einer strikten Regie folgen, ist es mir bei Fotoreportagen wichtig, mich dem jeweiligen Thema eher instinktiv zu nähern. Eine Arbeitsweise, die gerade dieser Aufgabe unmittelbar entgegen kam.

Man muss nicht viel vom Tango wissen, um ihn zu verstehen. Auch der reine Beobachter spürt sehr schnell seine ungeheure Kraft und Intensität. Dabei sind es nicht nur die großen Shows mit ihren perfekten Choreografien, die die Faszination dieses Tanzes begründen. Der Tango von Buenos Aires ist oft das Gegenteil von Glamour. Eine heruntergekommene Halle, grelles Neonlicht, ein paar Plastikstühle – doch wer hier Tango tanzt, denkt nicht an sein Umfeld oder den täglichen Überlebenskampf im wirtschaftlich gebeutelten Argentinien. Man tanzt, um zu vergessen, zu lieben oder zu trösten. Tango ist zugleich Leidenschaft und Trauer, Lebensfreude und Flucht.

Es ist diese Kraft und Schönheit des Tangos von Buenos Aires, die ich in meinen Bildern vermitteln möchte. Zeitlose, immer gleiche Geschichten und perfekte Harmonie inmitten der brutalen Realität einer Millionenstadt, in der sonst nichts mehr ist, wie es war.

In diesem Bildband sind neben den Tänzern auch viele andere Größen des Tangos vertreten. Dabei ist die Berühmtheit einer Person für mich als Fotograf zunächst nicht relevant, viel interessanter ist es, wenn sich die eigentliche Bedeutung eines Musikers, Poeten oder Tänzers direkt aus der Kraft und Intensität seiner Person und seines Auftritts erschließt. Diese Momente sind es, die ich festhalten möchte.

Mein besonderer Dank gilt Ivo Fuchs, der diese Begegnungen durch seine Fähigkeit, Menschen für eine Sache zu begeistern, erst möglich gemacht hat. Ein wunderbarer Film ist das Ergebnis.

Ich möchte Sie einladen, an den Begegnungen in Buenos Aires teilzuhaben und sich von ihrer Intensität und Stärke inspirieren zu lassen.

CHRISTIAN SAUTER

KATHLEEN GÖPEL
TANGO ARGENTINO

Tango ist wie das Leben.

Tango Argentino. Tanz oder Weltanschauung? Tango als Metapher für Gefühl und Sinnlichkeit, Emotion von Mann und Frau in Perfektion. Kein Tanz, der das Spiel zwischen den Geschlechtern so auf den Punkt bringt wie der Tango: fordernd, umwerbend, berauschend, prickelnd, abweisend. Aufforderung zur Begegnung, Kunst der Zweisamkeit, Verschmelzung zweier fremder Körper in verschlungenen Arabesken. Tango als pure Provokation. Die Liedertexte anstößig, der Tanz allzu sinnlich. Und so wurde er hin und wieder verboten; im Ruch dubios zu sein, stand er ohnehin.

Nur wenige Städte der Welt haben ihre eigene Musik hervorgebracht. Aber der Tango ist nicht nur Musik, er ist ein Gefühl; Tango ist der Pulsschlag von Buenos Aires. Ein nationaler Ausdruck. Und so singt Carlos Gardel, die Tango-Ikone schlechthin, von dieser Stadt und der Sehnsucht dessen, der von dort fortgeht, um in der Fremde zu arbeiten. „Und wenn du im Ausland bist, und du hörst einen Tango, dann fühlst du, wie es dein Herz zusammenzieht, und dann willst du nur zurück nach Hause in dein geliebtes Buenos Aires." Nichts ist wie das eigene Land. Nostalgie?

Die Geschichte des Tangos geht auf die Einwanderer zurück, die Ende des 19. Jahrhunderts in den Vororten von Buenos Aires versuchten, Heimweh und Herzschmerz mit wehmütigen Melodien zu beschwichtigen. So kunterbunt gemischt, wie die Nationalitäten der Einwanderer waren, ließ sich nicht vermeiden, dass sich auch Rhythmen aus kubanischem Habanera, andalusischem Flamenco und afrikanischem Candombe auf ermunternd temperamentvolle Weise mit der Wehmut mischten.

In den Zwanziger Jahren beginnt der Siegeszug des Tango Argentino nach bzw. durch Europa, wo er insbesondere in London und Paris begeisterte Aufnahme findet. Papst Pius X sieht sich gezwungen, das Tango-Verbot aufzuheben, das er in Buenos Aires wegen seiner Laszivität verhängt hatte. Der Euphorie des auf Europa überschwap-penden Tangofiebers konnte man auch auf diesem Weg kein Einhalt gebieten. Der Tango wurde adaptiert, ins Korsett der Choreographie gezwängt. Durch die Wiederholung bestimmter festgelegter Bewegungsabläufe entstand der wettbewerbsfähige, europäische Tango.

Um den Unterschied zu verdeutlichen: Tango ist sinnlich … und in Europa regiert eher der Verstand – einer der Gründe, warum Tango Argentino in Europa so aktuell ist, dass man kaum noch von einer Modeerscheinung sprechen kann. Im industrialisierten, rationalisierten, intellektualisierten und stark wettbewerbsorientierten Europa, in dem der körperliche Kontakt als zwischenmenschliche Kommunikationsform zunehmend verloren geht, suchen viele Menschen nach der verschütteten Verbindung zwischen Vernunft und Gefühl. In einer Gesellschaft, in der nur der Erfolg zählt, in der man bei aller zu erbringenden Leistung und trotz beständiger Hektik auch noch stets gut auszusehen hat, ist eine Sehnsucht nach Wärme, Nähe, Körperkontakt und Sinnlichkeit nachvollziehbar. Tango kann hier als Brücke dienen. Es ist erlaubt, innezuhalten, zu umarmen und das eigene Sein mit jemandem zu teilen – vorausgesetzt, es besteht die Bereitschaft, sich zu öffnen und sich auf den Tanzpartner und die Musik einzulassen.

Doch die Erfüllung dieser Sehnsucht geschieht nicht von selbst, sondern setzt eine Zeit des Reifens voraus. Anders ist es bei Gesellschaftstänzen, die sich leicht erlernen lassen, da sie auf der möglichst formvollendeten Wiederholung auswendig gelernter Schritte und Schrittfolgen im richtigen Takt beruhen. Für den Europäer schwer zu begreifen, dass ein paar hübsch ausgeführte Figuren hinzulegen, lediglich „Tangogymnastik" ist. Beim Tango hilft choreografische Erinnerung nicht viel, denn man „geht zusammen", man setzt gemeinsam Gefühltes im Einklang mit der Musik um, man improvisiert und malt Figuren auf den Tanzboden – ein künstlerischer Akt, der ohne eine beständige (nonverbale) Kommunikation zwischen

Tänzer und Tänzerin nicht möglich wäre. Ein mit dem Tanzpartner in Harmonie getanzter Tango bedeutet auch einen energetischen Austausch, selbst wenn vielleicht die Herzen des Tanzpaares für ein paar Minuten verschmelzen, es zu einer Einheit wird und sich auf nahezu wundersame Weise im Gleichtakt bewegt.

Für uns Europäer ist es nicht leicht, die Schranken des Intellektes zu überwinden, sodass wir diese Verschmelzung erleben, die sich während der drei Minuten ereignet, die ein Tango andauert. Ist diese Einheit aus einem Herzen und vier Beinen aber entstanden, lässt sich ein einzigartiger Zustand erreichen, der durchaus verwirrend sein kann. Bei einem gut getanzten Tango muss es zu diesem gewissen alchimistischen Moment kommen. Man spürt ihn, ohne sagen zu können, wie er zustande kam. Und dann gilt es zu begreifen, dass dieser Tango vorüber ist. Sie können ihn nicht wiederholen. Und wenn Sie es sich noch so sehr wünschen und am nächsten Abend Ihre schönste Garderobe anziehen, sich mit demselben Tanzpartner treffen und zur selben Musik tanzen – der Zauber, den Sie am Vortag geteilt habt, wird sich nicht wiederholen, weil es allein die Alchimie eines Augenblicks ist, die das vermag. Dieser Augenblick ist die Transzendenz und Sinnlichkeit des Tangos.

Aller Anfang ist schwer. Das erste, was man beim Tango lernt, ist die Umarmung – eine der selbstverständlichen Formen menschlicher Begegnung. Auf die Umarmung folgt das Gehen. Für das gemeinsame Gehen braucht es Harmonie und Vertrauen zu einem Tanzpartner, den man meist gar nicht kennt. Das Erlernen der Technik – Haltung, Schritte, Figuren, Kombinationen – kann für den Anfänger durchaus verwirrend sein und bedarf einiger Übung.

Tango ist kein machistischer Tanz, bei dem der Mann nur führt und die Frau nur folgt. Ein guter Tänzer führt nicht: Er bietet an. Und die Frau beschränkt sich nicht aufs passive Folgen, sondern: Sie nimmt seine Vorgaben an, interpretiert oder entschlüsselt, was er vorschlägt; verschönert und ergänzt dies mit technischen Verzierungen und ihrer Sinnlichkeit. Sie kann seine Schritte auch mit Improvisationen kreuzen oder auch ein „Angebot" überraschend ausschlagen, aber gleichzeitig müssen beide fortwährend im Dialog miteinander stehen. Frauen hierzulande neigen jedoch leicht dazu, mit den Männern konkurrieren zu wollen – ganz wie im „echten" Leben. Beim Tanzen lässt sich aber nicht lügen, und so ist sofort erkennbar, wenn eine Frau versucht, auswendig zu tanzen, Abläufe vorweg zu nehmen, den Mann zu führen oder ihm zu sagen, was er zu tun hat. All das bleiben zu lassen, fällt mancher Frau hierzulande nicht leicht. Eine Geste der Geduld, der Sinnlichkeit, der Hingabe würde die bestehende Uneinigkeit oder gespannte Situation viel besser lösen. Aber auch der Mann hat seinen Anteil an den Schwierigkeiten, denn er ist nicht mehr geübt darin, eine Frau zu beschützen, sie seinen Schutz spüren zu lassen. Er hat aufgehört, seine Sinnlichkeit zu zeigen und ihr durch seine Männlichkeit Vertrauen einzuflößen. Technik allein reicht nicht aus für den Tango, man selbst braucht Zeit zum Reifen. Je mehr Dinge man erlebt hat, je mehr Erfahrungen man hinter sich hat, desto besser kann man Tango tanzen.

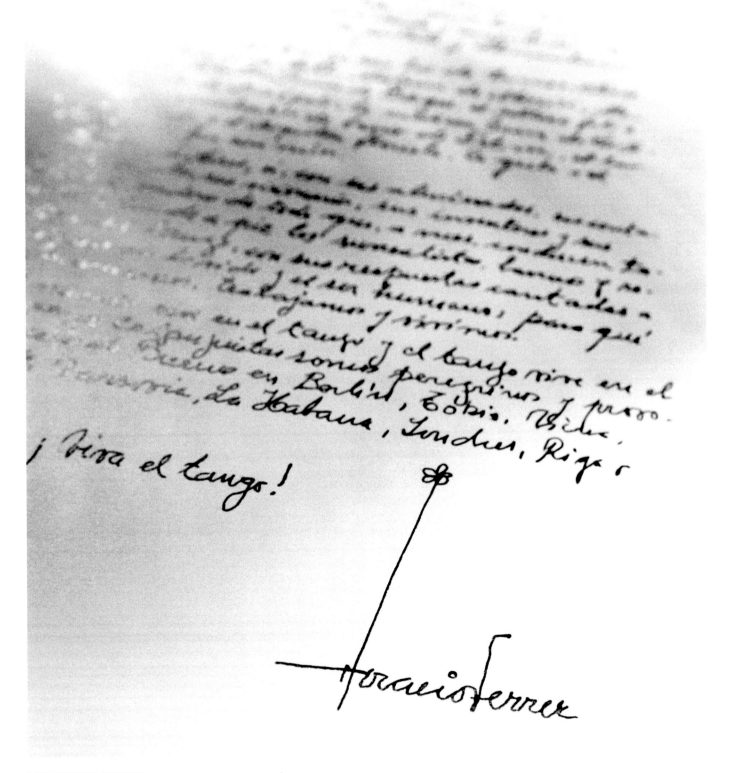

¡ Viva el tango !

Horacio Ferrer

HORACIO FERRER
BUENOS AIRES ODER DIE SEELE DES TANGOS

Sevilla und der Flamenco, Rio und die Samba, Wien und der Walzer, Havanna und der Danzón, aber noch mehr ist Buenos Aires die Seele und die Göttin seines Tangos in einer Mythologie des Río de la Plata Gebietes.

Buenos Aires, verführerisch, schön, sinnlich, kokett und launisch, ist sehr weiblich. Es steht im Zeichen des Zwillings, ist geprägt von Gegensätzen: seine Nächte und seine Tage, sein Norden und sein Süden, sein Westen und Osten, wo ein geheimnisvolles Viertel im Wasser des Río de la Plata geblieben zu sein scheint; dieser Fluss, der weder Fluss ist noch Meer noch Mündung. Ebenso wenig ist sein Tango Folklore, klassische oder moderne Musik, vielmehr – vielleicht – eine tiefe ursprüngliche und volkstümliche Botschaft über das Leben.

Die Ufer des Flusses und die Vororte des Südens, Nordens und Westens von Buenos Aires kommen aus der Tiefe der Legende mit ihren Vorstadtbewohnern, dem singenden Gaucho, den angeberischen Tänzern und den Dichtern des Lunfardo. Sie alle bilden die ewige Boheme von Buenos Aires durch ein langes Jahrhundert mit zehn Generationen von Schöpfern einer Geschichte, die bis heute prägend ist.

Die Welt pulsiert im Tango dank der Einwanderer, von den afrikanischen Schwarzen über die Spanier, Italiener, Koreaner, Deutschen und Engländer bis zu den Lateinamerikanern, die alle geprägt werden von Buenos Aires im Herzen ihrer Sehnsüchte.

Buenos Aires ist sein Tango im Zentrum und in den Stadtvierteln, in den Straßenecken, den Dächern, Bars und Lokalen, wo Geister und Gespenster unter uns tanzen und singen, in der Altstadt von San Telmo, Barracas, Monserrat und La Boca.

Das Bandoneon begeistert auch in San Nicolas, Boedo, Almagro, Palermo und Villa Crespo, in den Tangolokalen, wo man den Tango im Halbdunkel mit einem Glas in der Hand lauscht, oder in den Milongabars, wo man ihn mit geschlossen Augen tanzt und wo sich die Atemzüge mischen.

Voller Persönlichkeit, mit einem Hauch von Paris und New York, ist Buenos Aires die Hauptstadt von Lateinamerika. Ganz im Zeichen des Zwillings ist auch der Kontrast zwischen seinen ermüdenden und geschäftigen Tagen und der Leidenschaft und Lyrik seiner Nächte. Es gibt den Tango auch bei Tage, aber man hört ihn kaum. Das Nächtliche, mit seiner Ästhetik und seinen eigenen Gesetzen, seinem Dialog, seiner Kunst, seiner Nachdenklichkeit, ist das Universum der Boheme mit ihren Erfahrenen und Jungen. Denn der Tango ist ein Lebensstil, eine Kultur innerhalb einer anderen, und ist Malerei, Philosophie, Kino, Kompliment, Theater, Witz und Idee.

Der Tango ist auch die Avenida Corrientes mit ihren Theatern, Cafés, Tavernen mit Bandoneon, Buchhandlungen und Kiosken mit tausend Büchern über den Geist des Tangos, mit Dichterlesungen, dem Klassizismus und der Avantgarde aller Künste, mit einheimischem Essen und gepflegtem Müßiggang.

Die Typen des Tangos kommen aus Buenos Aires wie Erdosain von Arlt, Malena von Manzi, Alejandra von Sábato, Funes von Borges, der glückliche Junggeselle oder der Selbstmörder von Discépolo, die tapfere Puppe von Cadícamo, die Vorstadtjungen von Dolima, der Verrückte meiner Ballade und der junge Blumenverkäufer, La Grela oder der Fahrrad fahrende Christ, die von mir stammen.

Ja: Das ist Buenos Aires, mit seinen Irren, Märchenerzählern, Wahrsagern, Erfindern und mystischen Deutern von allem, die manchmal Taxi fahren. Zu Fuß gehen die Surrealisten, barocken Menschen und Romantiker des Tangos mit ihren gesungenen Antworten auf die Rätsel des Lebens und des Menschseins: Wozu denken, singen, lieben, arbeiten und leben wir.

Die Welt lebt im Tango, und der Tango lebt in der Welt, weil wir, die Leute des Tangos, Wallfahrer sind und versuchen, ein Stück von Buenos Aires nach Berlin, Tokyo, Wien, New York, Warschau, Havanna, London, Riga oder Sydney zu bringen.

Es lebe der Tango!

JORGE LUIS BORGES
DIE GESCHICHTE DES TANGO

Vicente Rossi, Carlos Vega und Carlos Muzzio Sáenz Peña, gründliche Forscher, haben den Ursprung des Tango auf verschiedene Weise dargestellt. Ich erkläre unumwunden, dass ich alle ihre Schlussfolgerungen und jedwede andere unterschreibe. Es gibt eine Geschichte vom Schicksal des Tango, die das Kino in regelmäßigen Abständen verbreitet; nach dieser gefühlvollen Version habe der Tango in der Vorstadt, in den Mietskasernen das Licht der Welt erblickt (meist im Mündungsviertel des Riachuelo, wegen der Photogenität dieses Stadtgebietes); das Patriziat habe ihn zunächst abgelehnt; vom guten Pariser Beispiel belehrt, habe es um 1910 seine Tore schließlich dem interessanten Stadtrandgeschöpf geöffnet. Dieser Bildungsroman, dieser „Roman über einen armen Jüngling" ist mittlerweile eine Art von unbestrittener Wahrheit oder von Axiom geworden; meine Erinnerungen (ich habe das fünfzigste Lebensjahr erreicht) und mündliche Ermittlungen, die ich angestellt habe, bekräftigen diese allerdings nicht.

Ich habe mich mit José Saborido, dem Autor von *Felicia* und von *La morocha*, mit Ernesto Poncio, dem Autor von *Don Juan*, mit den Brüdern von Vicente Greco, dem Autor von *La viruta* und *La tablada*, mit Nicolas Paredes, seinerzeit Caudillo in Palermo, mit einem ihm befreundeten Gauchosänger unterhalten. Ich habe sie reden lassen und darauf geachtet, keine Fragen zu stellen, die bestimmte Antworten nahe gelegt hätten. Über die Herkunft des Tango befragt, wichen ihre Auskünfte über die Topographie und die Geographie stark voneinander ab: Saborido (der aus Uruguay stammte) verlegte die Wiege des Tango nach Montevideo; Poncio (aus dem Stadtteil Retiro gebürtig) stimmte für Buenos Aires und sein eigenes Viertel; die Bewohner der Südstadt machten die Calle Chile geltend; die aus dem Norden die Prostituiertenstraßen Calle del Temple oder die Calle Junín.

Trotz der aufgezählten Abweichungen, die durch Befragung von Leuten aus *La Plata* oder *Rosario* leicht zu erweitern wären, stimmten meine Berater in einem wesentlichen Punkt überein: dem Ursprung des Tango in den Bordellen. (Und zugleich im Datum dieses Ursprungs, das für keinen weit vor 1880 oder nach 1890 lag.) Das anfängliche Instrumentarium der Orchester – Klavier, Flöte, Geige, später Bandoneon – bekräftigt durch den Kostenaufwand diese Aussage; es ist Beweis dafür, dass der Tango nicht in den Randvierteln entstanden ist, denn dort begnügte man sich bekanntlich mit den sechs Saiten der Gitarre. Es fehlt nicht an zusätzlichen Bestätigungen: die lüsternen Tanzfiguren, die offensichtliche Anzüglichkeit gewisser Titel (*El choclo* [der Maiskolben], *El fierazo* [das Schüreisen]), der Umstand, den ich als Kind in Palermo und Jahre später in La Chacarita und in Boedo beobachten konnte: An den Straßenecken tanzten Männer zusammen, weil die Frauen aus dem Volk nicht an einem Schlampenschwof teilnehmen wollten. Evaristo Carriego hat dies in seinen *Ketzermessen* festgehalten:

> En la calle, la buena gente derrocha
> sus guarangos decires más lisonjeros,
> porque al compás de un tango, que es la morocha,
> lucen ágiles cortes dos orilleros.

> Auf der Straße ergießen die braven Leute
> ihre freundlichsten Unflätigkeiten,
> denn beim Rhythmus des Tango *La morocha*
> produzieren sich zwei *orilleros* mit geschmeidigen *cortes*.

An einer anderen Stelle schildert Carriego mit einem Überfluss an beklemmenden Einzelheiten ein armseliges Hochzeitsfest; der Bruder des Bräutigams sitzt im Gefängnis, da sind zwei Krakeeler, die der *guapo* mit Drohungen zur Ruhe bringen muss, da gibt es Argwohn und Groll und gemeine Scherze, aber

> El tío de la novia, que se ha creído
> obligado a fijarse si el baile toma
> buen carácter, afirma, medio ofendido,
> que no se admiten cortes, ni aun en broma…

Que, la modestia a un lado, no se la pega
ninguno de esos visos … seguramente.
La casa será pobre, nadie lo niega,
todo lo que se quiera, pero decente –.

Der Onkel der Braut, der meinte,
er müsse aufpassen, dass der Tanz
anständig bleibt, bekräftigt, fast beleidigt,
dass *cortes* nicht mal im Scherz erlaubt sind …
„Bescheidenheit beiseite, das soll bloß mal
einer von denen versuchen … wird's schon sehen.
Das Haus mag arm sein, zugegeben:
Alles was man will, aber anständig."

Dieser jähe, strenge Mann, den uns die beiden Strophen deutlich ahnen lassen, zeigt sehr gut die erste Reaktion des Volks auf den Tango, dieses „Bordellreptil", wie Leopoldo Lugones ihn mit lakonischer Verachtung nannte (*El payador*). Viele Jahre dauerte es im Stadtteil Norte, bis der Tango, den Paris schon weniger anstößig und damit gesellschaftsfähig gemacht hatte, sich in den Mietskasernen durchsetzte, und ich weiß nicht, ob das bis heute ganz gelungen ist. Früher war der Tango eine orgiastische Teufelei; heute ist er eine Art zu schreiten.

Der Krakeeler-Tango

Die sexuelle Natur des Tango wurde von vielen hervorgehoben, nicht jedoch seine Krakeeler-Natur. Tatsächlich sind beides Arten oder Äußerungen desselben Impulses, und so bezeichnet das Wort „Mann" in allen mir bekannten Sprachen sexuelle und kriegerische Fähigkeit, und das Wort *virtus*, das im Lateinischen Mut bedeutet, stammt von *vir*, Mann. Desgleichen erklärt ein Afghane in Kiplings Roman *Kim*: „Als ich fünfzehn war, hatte ich meinen Mann erschossen und meinen Mann gezeugt" (When I was fifteen, I had shot my man and begot my man), als seien beide Akte im Wesentlichen einer.

Es genügt nicht, vom Krakeeler-Tango zu sprechen; ich möchte behaupten, dass der Tango, und auch die Milongas, unmittelbar etwas ausdrücken, was die Dichter viele Male mit Worten sagen wollten: die Überzeugung, dass Kämpfen ein Fest sein kann. In der berühmten *Geschichte der Goten*, die Jordanes im 6. Jahrhundert verfasste, lesen wir, dass Attila vor der Niederlage bei Châlons in einer anfeuernden Rede zu seinen Kriegern sprach und ihnen sagte, das Glück habe die Wonnen dieser Schlacht (*certaminis huius gaudia*) für sie allein bereitgehalten. In der *Ilias* wird von Achaiern gesprochen, für die der Krieg süßer war als die Rückkehr in den Schiffsbäuchen in ihr geliebtes Heimatland; dort heißt es auch, dass Paris, des Priamos Sohn, mit flinken Füßen in die Schlacht lief, wie mit fliegender Mähne der Hengst, der die Stuten sucht. Im alten sächsischen Epos *Beowulf*, mit dem die germanischen Literaturen beginnen, nennt der Rhapsode die Schlacht *„sweorda gelac"*, Schwerterspiel. „Wikingerfest" nannten sie die skandinavischen Dichter des 11. Jahrhunderts. Zu Beginn des 17. Jahrhunderts nannte Quevedo in einem seiner Spottgedichte ein Duell *„danza de espadas"*, Schwertertanz, was dem Schwerterspiel des namenlosen Angelsachsen nahezu gleichkommt. Der glänzende Victor Hugo sagte in seiner Beschwörung der Schlacht von Waterloo, die Soldaten, begreifend, dass sie in diesem Fest sterben würden (*„comprenant qu'ils allaient mourir dans cette fête"*), hätten ihren Gott gegrüßt, aufrecht im Sturm.

Diese Beispiele, die ich im Laufe meiner Lektüren notiert habe, ließen sich ohne große Mühe vervielfältigen; vermutlich lassen sich im *Rolandslied* oder in Ariosts weitläufigem Poem ähnliche Stellen finden. Einige der hier festgehaltenen – sagen wir die von Quevedo und die von Attila – sind von unwiderleglicher Wirksamkeit; alle kranken übrigens an der Erbsünde des Literarischen: Es sind Wortstrukturen, aus Sinnbildern geschaffene Formen. „Schwertertanz" zum Beispiel lädt uns ein, zwei ungleiche Vorstellungen, die des Zweikampfes und die des Tanzes, zu vereinen, damit die zweite die erste mit Freude fülle, aber das spricht nicht unmittelbar unser Blut an und schafft diese Freude nicht in uns nach. Schopenhauer schreibt in *Die Welt als*

Wille und Vorstellung (I, § 52), die Musik sei nicht weniger unmittelbar als die Welt; ohne Welt, ohne einen gemeinsamen Schatz an durch Sprache evozierbaren Erinnerungen gäbe es sicherlich keine Literatur, aber die Musik kann auf die Welt verzichten, es könnte Musik und keine Welt geben. Die Musik ist Wille, Leidenschaft; der alte Tango vermittelt als Musik unmittelbar diese kriegerische Freude, deren sprachlichen Ausdruck in fernen Zeiten griechische und germanische Rhapsoden erprobten. Bestimmte Komponisten von heute streben diesen tapferen Ton an und bringen auf manchmal glückliche Weise Milongas von der Niederung von Batería und vom Barrio del Alto zustande, doch ihre in Text und Musik beflissen altmodischen Arbeiten sind Übungen in Nostalgie nach dem, was war, Klagen um das Verlorene, im Wesentlichen traurig, obgleich die Weise fröhlich klingen mag. Sie sind für die wilden und unschuldigen Milongas, die Rossis Buch festhält, das, was *Don Segundo Sombra* für *Martín Fierro* oder für *Paulino Lucero* ist.

In einem Dialog von Oscar Wilde erfährt man, dass die Musik uns eine persönliche Vergangenheit offenbart, die uns bis zu diesem Augenblick unbekannt war und uns dazu bewegt, nicht erlebtes Unglück und nicht begangene Schuld zu beklagen. Von mir möchte ich bekennen, dass ich weder *El Marne* noch *Don Juan* hören kann, ohne mich sehr genau an eine apokryphe, gleichzeitig stoische und orgiastische Vergangenheit zu erinnern, in der ich herausgefordert und gekämpft habe, um schließlich stumm in einem düsteren Messerduell zu fallen. Vielleicht ist die Sendung des Tango folgende: den Argentiniern die Gewissheit zu geben, dass sie tapfer gewesen sind, dass sie die Forderungen des Muts und der Ehre schon erfüllt haben.

Ein Teilmysterium

Wenn wir also dem Tango eine kompensierende Funktion zubilligen, bleibt noch ein kleines Mysterium zu lösen. Amerikas Unabhängigkeitskampf war zu einem guten Teil ein argentinisches Unternehmen; argentinische Männer kämpften in entlegenen Schlachten des Kontinents, in Maipú, in Ayacucho, in Junín. Dann kamen die Bürgerkriege, der Krieg gegen Brasilien, die Feldzüge gegen Rosas und Urquiza,

der Krieg mit Paraguay, die Grenzkriege gegen die Indios … Unsere militärische Vergangenheit ist reichhaltig; dabei ist unbestreitbar, dass der Argentinier bei all seiner Halluzination, sich für tapfer zu halten, sich nicht mit dieser Vergangenheit identifiziert (trotz des Vorrangs, den die Schulen dem Geschichtsunterricht geben), sondern mit den großen Gattungsgestalten der Gauchos und des *compadre*. Wenn ich mich nicht täusche, hat dieser instinktive, widersprüchliche Zug seine Erklärung. Der Argentinier findet vermutlich sein Sinnbild im Gaucho und nicht im Soldaten, denn der Wert, den die mündlichen Überlieferungen dem Gaucho beimessen, beruht nicht auf dem Dienst an einer Sache: Er ist ein Wert an sich. Der Gaucho und der *compadre* leben in unserer Einbildung als Rebellen; im Gegensatz zu den Nordamerikanern und zu fast allen Europäern identifiziert der Argentinier sich nicht mit dem Staat. Das mag auf die allgemeine Tatsache zurückzuführen sein, dass der Staat eine unvorstellbare Abstraktion ist*; sicher ist, dass der Argentinier ein Individuum ist und kein Staatsbürger. Aphorismen wie der von Hegel „Der Staat ist die Wirklichkeit der sittlichen Idee" muten ihn an wie finstere Scherze. Die in Hollywood hergestellten Filme empfehlen der Bewunderung des Publikums immer wieder den Fall eines Mannes (im allgemeinen eines Journalisten), der die Freundschaft eines Verbrechers sucht, um ihn hinterher der Polizei auszuliefern; der Argentinier, für den die Freundschaft eine Leidenschaft ist und die Polizei eine Mafia, empfindet diesen „Helden" als unbegreifliche Kanaille. Er fühlt mit Don Quijote, dass „dort drüben jeder wird für sein Vergehen büßen" und dass „es sich nicht ziemt, dass ehrliche Männer die Henker anderer Männer sind, die ihnen nichts zuleide taten" (*Don Quijote*, I, XXII). Mehr als ein Mal habe ich angesichts der eitlen Symmetrien des spanischen Stils vermutet, dass wir uns rettungslos von Spanien unterscheiden; diese zwei Zeilen des *Quijote* haben genügt, mich von meinem Irrtum zu überzeugen; sie sind wie das ruhige geheime Sinnbild einer Affinität. Zutiefst bestätigt dies eine Nacht der argentinischen Literatur: die verzweifelte Nacht, in der ein Sergeant der Landpolizei schrie, er werde das Verbrechen nicht zulassen, dass ein tapferer Mann getötet werde, und sich dann an der Seite des Deserteurs Martín Fierro in den Kampf gegen seine eigenen Soldaten stürzte.

Die Texte

Von ungleichem Wert, da sie bekanntlich von Hunderten und Tausenden der verschiedenartigsten Federn stammen, bilden die Tangotexte, welche die Inspiration oder der Fleiß zusammengetragen haben, nach Abschluss eines halben Jahrhunderts ein fast unentwirrbares *corpus poeticum*, das die argentinischen Literaturhistoriker lesen oder jedenfalls rechtfertigen werden. Das Volkstümliche, vorausgesetzt, dass das Volk es schon nicht mehr versteht, vorausgesetzt, dass die Jahre es haben altern lassen, gewinnt die nostalgische Verehrung der Gelehrten und lässt Polemiken und Glossare zu; wahrscheinlich wird um 1990 die Vermutung oder die Gewissheit laut werden, dass die wahre Poesie unserer Zeit nicht in *La urna* von Banchs oder *Luz de provincia* von Mastronardi beschlossen liegt, sondern in den unvollkommeneren Stücken, die in ›El alma que canta‹ versammelt sind. Diese Vermutung stimmt melancholisch. Sträfliche Nachlässigkeit hat mir die Erwerbung und das Studium dieses chaotischen Repertoriums verwehrt, doch sind mir seine Vielfalt und das wachsende Umfeld seiner Themen nicht unbekannt. Anfangs kannte der Tango keine Texte, oder diese waren obszön und zufällig. Einige waren ländlich („Ich bin die treue Gefährtin des edlen Gauchos der Stadt"), denn die Komponisten suchten das Volkstümliche, und das schlimme Leben und die Vorstädte boten damals keinen poetischen Stoff. Andere wie die artverwandte Milonga** waren fröhliche und prächtige Prahlereien („Im Tango bin ich so stark / dass es, wenn ich einen doppelten corte mache, / im Norden widerhallt, / falls ich gerade im Süden bin").

Später hielten die Tangotexte wie gewisse Romane des französischen Naturalismus oder wie gewisse Stiche von Hogarth die örtlichen Schicksalsschläge des *harlot's progress* fest („Dann warst du das Liebchen / eines alten Apothekers / und der Sohn eines Kommissars / nahm dir alle Moneten ab"); desgleichen später die beklagte Bekehrung der Krakeeler- oder Armenviertel zum Anstand („Puente Alsina /

wo sind die Schufte geblieben?" oder „Wo sind jene Männer und diese Dirnen: rote Stirnbänder und Schlapphüte, die man in Requena kannte?" – „Wo ist mein Villa Crespo aus anderen Zeiten?" – „Als die Juden kamen / war Triunvirato erledigt"). Schon sehr früh hatten heimliche oder sentimentale Liebeshändel den Dichterfedern Arbeit gegeben („Weißt du nicht mehr, dass du bei mir / einen Hut getragen hast / und den Ledergürtel / den ich einer andren Mieze stibitzt hatte?"). Tangos der Anschuldigung, Tangos des Hasses, Tangos des Spotts und des Grolls, die sich gegen die schriftliche Übermittlung und gegen die Erinnerung sperrten. Der gesamte Stadtbetrieb zog in den Tango ein: Lotterleben und Vorstadt waren nicht die einzigen Themen. Im Vorwort zu seinen Satiren schrieb Juvenal denkwürdigerweise, alles, was die Menschen bewegt – Begehr, Furcht, Zorn, Fleischeslust, Ränke, Glück – werde der Rohstoff seines Buches sein; mit verzeihlicher Übertreibung könnten wir sein berühmtes *quidquid agunt homines* auf die Gesamtheit der Tangotexte anwenden. Wir könnten auch sagen, dass die Tangotexte eine unzusammenhängende, weitgespannte *comédie humaine* des Lebens von Buenos Aires bilden. Bekanntlich hat Wolf gegen Ende des achtzehnten Jahrhunderts geschrieben, die *Ilias*, bevor sie Epos wurde, sei eine Reihe von Gesängen und Rhapsodien gewesen; das gestattet uns vielleicht die Prophezeiung, dass die Tangotexte mit der Zeit ein langes bürgerliches Gedicht bilden oder einen ehrgeizigen Literaten zur Niederschrift eben dieses Gedichts anregen werden.

Bekannt ist Andrew Fletchers Ansicht: „Wenn man mich alle Balladen einer Nation schreiben läßt, ist es mir gleichgültig, wer die Gesetze schreibt"; der Ausspruch legt die Vermutung nahe, dass die alltägliche oder überlieferte Dichtung auf die Empfindungen einwirken und das Verhalten bestimmen kann. Bei der Anwendung dieser Annahme auf den argentinischen Tango würden wir darin einen Spiegel unserer Wirklichkeiten sehen und zugleich einen Mentor oder ein Modell von fraglos schädlichem Einfluss. Die Milonga und der Tango der Ursprünge mochten töricht oder zumindest leichtsinnig sein, dennoch waren sie tapfer und fröhlich; der spätere Tango ist chronisch verdrossen, er beklagt mit üppiger Sentimentalität das eigene Pech und feiert schamlos fremdes Unglück.

Ich erinnere mich, dass ich um 1926 dazu neigte, den Italienern (konkreter: den Genuesen vom Boca-Viertel) die Schuld am Verfall des Tango zuzuschreiben. In jenem Mythos oder in der Phantasie eines von den *gringos* verdorbenen *criollo*-Tango sehe ich heute ein deutliches Symptom für gewisse nationalistische Häresien, welche die Welt später verwüstet haben – auf Antrieb der *gringos*, wohlbemerkt. Nicht das Bandoneon, das ich irgendwann feige nannte, nicht die fleißigen Komponisten einer Flussvorstadt haben den Tango zu dem gemacht, was er ist, sondern die gesamte Republik. Überdies hießen die alten *criollos*, die den Tango gezeugt haben, Bevilacqua, Greco oder de Bassi …

Gegen meine Verleumdung des Tango der gegenwärtigen Epoche könnte jemand einwenden, dass der Übergang von Kühnheit oder Prahlerei zur Traurigkeit nicht zwangsläufig schuldhaft zu sein braucht und ein Anzeichen der Reife sein kann. Mein imaginärer Widersacher könnte auch gern hinzufügen, dass der harmlose und wackere Ascásubi für den wehleidigen Hernández das ist, was der erste Tango für den letzten ist und dass niemand – Jorge Luis Borges vielleicht ausgenommen – sich von dieser Glücksminderung zu der Folgerung verführen ließ, *Martín Fierro* sei weniger wertvoll als *Paulino Lucero*. Die Antwort fällt leicht: Der Unterschied ist nicht nur hedonistischer Tönung: Er ist moralischer Tönung. Im alltäglichen Tango von Buenos Aires, im Tango der Familienabende und der sittsamen Konditoreien schwingt etwas von trivialer Schurkerei, ein Hauch von Niedertracht mit, von dem die Tangos des Messers und des Bordells nicht einmal träumten.

Musikalisch dürfte der Tango unbedeutend sein; seine einzige Bedeutung ist die, welche wir ihm verleihen. Die Überlegung ist richtig, wenn sie auch vielleicht auf alle Dinge anwendbar ist. Auf unseren persönlichen Tod, zum Beispiel, oder auf die Frau, die uns verschmäht … Der Tango ist ein Gegenstand der Diskussion, und wir diskutieren ihn, aber er birgt wie alles Wahre ein Geheimnis. Die Musiklexika

halten seine von allen gutgeheißene, kurze und ausreichende Definition fest; diese Definition ist elementar und verheißt keine Schwierigkeiten, aber der französische oder spanische Komponist, der im Vertrauen auf sie ganz korrekt einen „Tango" ausheckt, entdeckt nicht ohne Befremden, dass er etwas ausgeheckt hat, was unsere Ohren nicht erkennen, unser Gedächtnis nicht aufnimmt und unser Körper ablehnt. Man könnte sagen, dass man ohne Abende und Nächte von Buenos Aires keinen Tango schreiben kann, und dass uns Argentinier im Himmel die platonische Idee des Tango erwartet, seine universale Form (diese Form, die *La tablada* und *El choclo* kaum andeuten), und dass diese wiewohl bescheidene, aber glückhafte Gattung ihren Platz im Universum hat.

Die Herausforderung

Es gibt einen legendären oder historischen oder zugleich aus Geschichte und Legende bestehenden Bericht (was vielleicht eine andere Art ist, „legendär" zu sagen), der den Kult des Muts beweist. Seine besten schriftlichen Fassungen sind in den heute zu Unrecht vergessenen Romanen von Eduardo Gutiérrez zu suchen, in *Hormiga Negra* oder in *Juan Moreira*; von den mündlich überlieferten Versionen stammte die erste, die ich hörte, aus einem Stadtteil, den ein Gefängnis, ein Fluss und ein Friedhof begrenzten und der Feuerland hieß. Der Protagonist dieser Fassung war Juan Muraña, Fuhrmann und Messerstecher, in dem alle Mutgeschichten zusammenlaufen, die in den nördlichen Stadtrandgebieten umgehen. Ein Mann aus Corrales oder Barracas, der von Juan Murañas Ruhm gehört hat (ohne ihn je gesehen zu haben), verlässt seinen südlichen Stadtteil, um sich mit ihm zu messen; er fordert ihn in einer Ladenkneipe heraus, die beiden gehen auf die Straße, um dort zu kämpfen; sie verwunden einander, Muraña *markiert* ihn schließlich und sagt:

„Ich lass dich am Leben, damit du wiederkommst, um mich zu suchen."

Das Selbstlose in diesem Duell prägte sich meinem Gedächtnis ein; in meinen Unterhaltungen (meine Freunde wissen es zur Genüge) kehrte es immer wieder; um 1927 schrieb ich es nieder und betitelte es mit nachdrücklichem Lakonismus ›Männer kämpften‹; Jahre später verhalf mir die Anekdote dazu, eine glückliche, wenn auch nicht gute Erzählung zu ersinnen: ›Mann von Esquina Rosada‹; 1950 nahmen Adolfo Bioy Casares und ich die Anekdote wieder auf, um ein Filmskript daraus zu machen, das die Filmgesellschaften begeistert ablehnten und das *Los orilleros* [Leute vom Stadtrand] heißen sollte. Nach solch ausgedehnten Mühen glaubte ich, mich von der Geschichte des großmütigen Duells verabschiedet zu haben; dieses Jahr, in Chivilcoy, stieß ich auf eine ihr weit überlegene Version, die vielleicht die wahre ist, obgleich dies sehr wohl beide sein können, da das Schicksal sich darin gefällt, die Formen zu wiederholen, und da das, was einmal geschehen ist, viele Male geschieht. Zwei mittelmäßige Erzählungen und ein Film, den ich für sehr gut halte, sind aus der mangelhaften Fassung entstanden; nichts kann aus der Fassung entstehen, die vollkommen und vollständig ist. Ich will sie erzählen, so wie sie mir erzählt wurde, ohne Beifügung von Metaphern oder Landschaftsschilderungen. Die Geschichte, so wurde mir berichtet, ereignete sich im Bezirk Chivilcoy zwischen 1870 und 1880. Wenceslao Suárez ist der Name des Helden, er ist Lederflechter und wohnt in einer Kate. Er ist vierzig oder fünfzig Jahre alt; er gilt als tapfer, und es ist ziemlich unwahrscheinlich, dass er (angesichts der Tatsachen der Geschichte, die ich erzähle) nicht einen oder zwei Tode zu verantworten hat, aber diese, rechtmäßig verursacht, belasten weder sein Gewissen noch beflecken sie seinen Ruf. Eines Abends ereignet sich im gleich bleibenden Leben dieses Mannes etwas Ungewöhnliches: In der Ladenschänke teilt man ihm mit, ein Brief sei für ihn angekommen. Don Wenceslao kann nicht lesen; der Schankwirt entziffert langsam eine umständliche Botschaft, die ebenso wenig vom Absender eigenhändig abgefasst sein wird. In Vertretung einiger Freunde, die Geschicklichkeit und echte Gemütsruhe zu schätzen wissen, entsendet ein Unbekannter seine Grüße an Don Wenceslao, dessen Ruh den Arroyo del Medio überschritten hat, und bietet ihm die Gastfreundschaft seines bescheidenen Hauses in einem Dorf von Santa Fe an. Wenceslao Suárez diktiert dem Schank-

wirt eine Antwort; er dankt für die Liebenswürdigkeit, erklärt, dass er sich nicht dazu aufschwingen mag, seine in Jahren fortgeschrittene Mutter allein zu lassen, und lädt den anderen nach Chivilcoy in seine Hütte ein, wo es an einem Spießbraten und ein paar Gläsern Wein nicht fehlen soll. Die Monate vergehen, und ein Mann auf ortsfremd gezäumtem Pferd fragt in der Ladenschänke nach dem Weg zum Haus des Suárez. Dieser, der gerade Fleisch im Laden kauft, hört die Frage und sagt ihm, wer er ist; der Fremde erinnert ihn an die vor einiger Zeit getauschten Briefe. Suárez freut sich, dass der andere sich zum Kommen entschlossen hat; die beiden machen sich zu einem kleinen Feldstück auf, und Suárez bereitet den Spießbraten. Sie essen und trinken und reden. Worüber? Ich vermute, über blutige und barbarische Dinge, jedoch freundlich und bedächtig. Das Mittagessen ist beendet, und die drückende Mittagshitze lastet auf der Erde, als der Fremde Don Wenceslao auffordert, ein kleines Geplänkel zu inszenieren. Sich zu weigern wäre ehrlos. Zuerst spielen sie herum und führen einen Scheinkampf aus, doch Wenceslao fühlt ziemlich rasch, dass der Fremde ihn töten will. Schließlich geht ihm der Sinn des umständlichen Briefes auf und er bedauert, so viel gegessen und getrunken zu haben. Er weiß, dass er früher als der andere, der noch ein junger Mann ist, müde werden wird. Aus Häme oder Höflichkeit schlägt der Fremde eine Ruhepause vor. Don Wenceslao ist einverstanden und lässt gleich nach der Wiederaufnahme des Duells zu, dass der andere ihn an der linken Hand verletzt, welche den aufgewickelten Poncho hält.*** Das Messer dringt ins Handgelenk, die Hand hängt wie tot herab. Suárez weicht mit einem mächtigen Satz zurück, legt die blutüberströmte Hand auf den Erdboden, tritt mit dem Stiefel darauf, reißt sie ab, täuscht einen Stoß gegen die Brust des Fremden vor und reißt ihm den Bauch mit einem Messerstich auf. So endet die Geschichte, abgesehen davon, dass einem Berichterstatter zufolge der aus Santa Fe auf dem Feld liegen bleibt, während er nach dem anderen Bericht (der ihm die Würde des Sterbens nicht gönnt) in seine Provinz zurückkehrt. In dieser zweiten Fassung leistet Suárez ihm mit dem vom Mittagessen übrig gebliebenen Zuckerrohrschnaps Erste Hilfe …

In der Heldengeschichte von Wenceslao dem Einhänder – so nennt sich nun Suárez zu seinem Ruhm – mildern oder betonen die Sanftmut oder die Höflichkeit bestimmter Züge (die Arbeit des Lederflechters, die Bedenken, seine Mutter nicht allein zu lassen, die beiden gewundenen Briefe, die Unterhaltung, das Mittagessen) auf glückliche Weise die schreckliche Fabel; derartige Züge verleihen ihr epische, ja ritterliche Merkmale, die wir zum Beispiel nicht in den rauschhaften Kämpfen des *Martín Fierro* oder in der artverwandten, ärmeren Fassung von Juan Muraña und seinem Gegner aus dem Süden finden, es sei denn, wir seien entschlossen, sie darin aufzuspüren. Ein beiden gemeinsamer Zug ist vielleicht bedeutsam. In beiden wird der Herausforderer schließlich besiegt. Das mag auf die bloße erbärmliche Notwendigkeit zurückzuführen sein, dass der örtliche Meisterkämpfer triumphiere, aber auch, und so sähen wir es lieber, auf eine stillschweigende Verurteilung der Herausforderung in diesen heroischen Fiktionen oder, und das wäre das beste, auf die dunkle tragische Überzeugung, dass der Mensch immer Urheber seines eigenen Unglücks ist, wie der Odysseus im 26. Gesang des *Inferno*. Emerson, der in Plutarchs Biographien „einen Stoizismus, der kein Ergebnis der Schulen, sondern des Bluts ist", rühmte, hätte diese Geschichte nicht verachtet.

Wir hätten somit Männer mit armseligstem Leben vor uns, Gauchos und Randbewohner der Flussgebiete des Plata und des Paraná, die, ohne es zu wissen, eine Religion mit ihrer Mythologie und ihren Märtyrern begründen, die harte und blinde Religion des Muts, des Bereitseins zum Töten und Sterben. Diese Religion ist alt wie die Welt, sie wäre jedoch in diesen Republiken wieder entdeckt und gelebt worden von Hirten, Schlachtern, Viehtreibern, Überläufern und Gaunern. Ihre Musik wäre in den rezitativen Estilos, Milongas und ersten Tangos. Ich habe gesagt, dass diese Religion alt ist; in einer Saga des 12. Jahrhunderts steht zu lesen:

„Sag mir, was dein Glaube ist", sagte der Graf.

„Ich glaube an meine Kraft", sagte Sigmund.

Wenceslao Suárez und sein namenloser Widersacher sowie andere, welche die Mythologie vergessen oder in diesen beiden hat aufgehen lassen, bekannten sich fraglos zu diesem männlichen Glauben, der sehr wohl nicht bloß Eitelkeit sein mag, sondern das Bewusstsein, dass in jedem Menschen Gott ist.

*   Der Staat ist unpersönlich: der Argentinier begreift nur eine persönliche Beziehung. Daher ist für ihn der Diebstahl öffentlicher Gelder kein Verbrechen. Ich stelle die Tatsache fest, weder rechtfertige noch entschuldige ich sie.

**   *Yo soy del barrio del Alto,*
Soy del barrio del Retiro.
Yo soy aquel que no miro
Con quién tengo que pelear,
Y a quien en milonguear
Ninguno se puso a tiro.

Ich bin aus dem Viertel Alto
bin aus dem Retiro-Viertel.
Ich frage nicht lange,
mit wem ich kämpfen soll,
und beim Milonga-Tanzen
konnte mir noch keiner das Wasser reichen.

***   Von dieser alten Art des Kampfes mit Mantel und Degen spricht Montaigne in seinen *Essays* (I, 49) und zitiert eine Stelle aus Cäsar: *„Sinistras sagis involvunt, gladiosque distringunt."* Lugones bringt auf p. 54 von *El Payador* eine entsprechende Stelle aus der *Romanze von Bernardo del Carpio*: „Den Umhang um den Arm gewickelt, zückte er den Degen."

Mi Buenos Aires querido,
cuando yo te vuelva a ver,
no habra más penas ni olvido.
— [MI BUENOS AIRES QUERIDO]

Mein geliebtes Buenos Aires,
wenn ich dich wieder sehe,
wird es kein Leid und kein Vergessen mehr geben.

ALEJANDRA GRAHAM

**Tango? Ich weiß nicht, wie ich es beschreiben soll,
aber ich habe es in meinem Herzen.** ALEJANDRA GRAHAM

Tango – die Sucht nach der sich nie erfüllenden Sehnsucht.

Früher hat sie sich gern mit jedem unterhalten, ob Fremde, Freunde oder Bekannte – egal, es hat Spaß gemacht, zu reden, Leute kennen zu lernen, Erfahrungen zu teilen. Inzwischen ist sie wählerisch geworden. Ihre liebsten Gespräche sind die, bei denen sie merkt, dass es weitergeht, über das Übliche hinaus, irgendwie hinter die Worte, denn gesprochene Sprache begrenzt die Menschen.

Alejandra hat eine neue Sprache entdeckt: den Tango.

Seither fühlt sie sich diesem Tanz verbunden. Sehr stark verbunden. Sie spürt dort etwas, das tief geht, viel tiefer als ein Gespräch. Da ist etwas, das sie sucht, das sie interessiert, das sie lockt. Etwas, wo sie hinmöchte. Im normalen Leben wie im Tango.

Sie will keine aufgesetzten Posen mehr, keine Grimassen, sie will echte Gefühle auf den Gesichtern. Man soll auch ruhig sehen können, was sie fühlt. Im Tango wie im normalen Leben. „Im normalen Leben" klingt komisch, und so sagt sie inzwischen lieber: „Auf der anderen Seite des Tangos".

Alejandra möchte mehr. Alejandra möchte weiter. Alejandra möchte besser werden. Mehr spüren. Mehr erfahren. Weitergehen, als nur tanzen. Den Tango transzendieren.

Eines Tages kommt der Punkt, wo es einen trifft wie ein Fluch. Da ist dann der Tango und nur noch der Tango. Er sperrt dich ein, und du kannst dich nicht mehr befreien. Deine Tage verbringst du eingeschlossen in deine Gedanken. Du denkst an die letzte Nacht, an all die Nächte, in denen du getanzt hast; erinnerst dich daran, was du gefühlt hast, was war und was nicht war. Und dann kommt der Abend, und du musst zum Tanzen gehen, die ganze Nacht musst du tanzen, weil du spürst, dass dir noch etwas fehlt.

Vier lange Jahre war der Tango ihr Leben. Dann hat sie aufgehört. Zwei Jahre lang Theater studiert, zwei Jahre lang „anderes" getan, sich für „anderes" interessiert. Zwei Jahre lang Tag um Tag „nein" gesagt. „Nein, ich geh nie wieder in eine Milonga." Zwei Jahre lang hat sie nicht getanzt, aber nie, nie hat sie aufgehört, an den Tango zu denken.

Und plötzlich konnte sie nicht mehr widerstehen. Ein banaler Abend, an dem sie zu Hause über ihren Büchern sitzt und studiert und ihr durch den Kopf schießt, dass die Stunde, in der man sich zum Tangotanzen fertig macht, gerade vorbei ist und sie eigentlich längst schon auf der Tanzfläche sein könnte.

Am nächsten Tag sucht sie wie magisch angezogen den Ort auf, wo sie der Tango am heftigsten ergriffen hat: das Studio der Dinsels. Dort hatte sie bei Gloria und Rodolfo gelernt. Sie öffnet die Tür – und es ist ganz so, als hätte sie den Ort nie verlassen. Sie lässt die Straße mit all dem Autolärm, den lauten Passanten, den alltäglichen Lebensgeräuschen hinter sich, und sie fühlt den Tango und nur noch den Tango. Plötzlich weiß sie, dass sie nie wieder wird aufhören können. Da ist etwas Leidenschaftliches, das Besitz ergreift von ihr, ein fast zu starkes Gefühl.

„Warum lächelst du so?", fragen die anderen.
„Ich bin zurück!"

KATHLEEN GÖPEL

MIT DEM TANGO IM HERZEN

HORACIO FERRER

Auch wenn viele das nicht akzeptieren werden, aber der Tango ist der wichtigste Kunstfaktor in unserer Kulturregion. HORACIO FERRER

Horacio Ferrer, geboren in Montevideo, wuchs in einer Familie auf, in der Kunst und Musik eine wichtige Rolle spielten. Sein Vater war Geschichtsprofessor, seine Mutter, die aus einer Familie von Schriftstellern und Dichtern stammte, hatte Gesang bei Ninon Vallin studiert. Bereits in frühester Jugend begann Ferrer Gedichte und kleine Stücke für sein Marionettentheater zu schreiben. Von einem Onkel mütterlicherseits lernte er die ersten Tangos auf der Gitarre zu spielen. Zur Begeisterung des kleinen Jungen nahm ihn dieser Onkel gelegentlich auf Streifzüge durch das nächtliche Buenos Aires der Bohemiens mit, ungeachtet seines zarten Alters.

Anfang der 50er Jahre schrieb Ferrer die ersten eigenen Tangos und startete neben seinem Architekturstudium eine wöchentliche Tango-Radiosendung in Uruguay mit dem Titel *Selección de Tangos*. Daraus entwickelte sich 1954 der berühmte *Club de la Guardia Nueva*, der Konzerte mit den Größen des Tangos wie Aníbal Troilo, Horacio Salgán, Astor Piazzolla und seinem revolutionären „Octeto Buenos Aires" organisierte.

Von 1955 an arbeitete Ferrer für sieben Jahre erfolgreich als Herausgeber des Magazins *Tangueando*, aber seine Gedichte und seine Tangos blieben weiterhin unbeachtet. Dies änderte sich erst, nachdem er den Komponisten Astor Piazzolla kennen gelernt hatte. Die beiden hatten ein Treffen bei seiner Rückkehr aus Paris, wo Piazzolla Student bei Nadia Boulanger gewesen war, vereinbart. Ferrer holte ihn nicht nur am Hafen ab, sondern fuhr mit ihm unmittelbar danach in seinen Club, wo 200 junge Leute Piazzolla voll Begeisterung erwarteten. Das war der Anfang ihrer Freundschaft.

Es stellt sich heraus, dass Piazzolla über alle Maßen angetan war von der Lyrik Ferrers: „Horacio, du tust dasselbe mit der Poesie, was ich mit der Musik mache!", und er schlug ihm vor, ein Tangostück zu schreiben, zu dem er die Musik komponieren würde. So entstand 1967/68 *Maria de Buenos Aires*. Die „Tango-Operita", wie sie sie

liebevoll untertitelten, wurde bereits im Mai 1968 im Sala Planeta in Buenos Aires uraufgeführt. Sie handelt von Maria, der weiblichen Personifizierung des nächtlichen Buenos Aires mit all seinem Glamour, seiner Euphorie, all seinem Elend und seiner Melancholie. Es musizierten Piazzolla und sein Orchester, es sangen keine Geringeren als Hectór de Rosas und Amelita Baltar, Ferrer selbst übernahm den Part des erzählenden *El Duende*.

Über die Jahre schrieb Ferrer zahlreiche Texte, die in die Tangogeschichte eingingen wie z. B. *Chiquilín de Bachín* und *Balada para un loco* und er arbeitete mit bedeutenden Künstlern seiner Zeit wie Horacio Salgán und Osvaldo Pugliese. Es folgten sein erstes Buch, *El Tango. Su historia y evolución*, sowie erfolgreiche Radio- und Fernsehsendungen auf beiden Seiten des Río Plato. Darüber hinaus war er als Redakteur für das uruguayische Morgenblatt *El Día* tätig. Seit 2000 ist er Direktor der *Academia Nacional del Tango* im *Palacio Carlos Gardel*, an deren Gründung er maßgeblich beteiligt war.

Horacio Ferrer galt längst als Fachmann für die Geschichte des Tangos, als er 1970 *El Libro del Tango. Arte Popular de Buenos Aires* veröffentlichte. Dieses Werk, das 1980 als dreibändige Ausgabe erschien, gilt als Standardwerk über den Tango schlechthin.

KATHLEEN GÖPEL

CARLOS LAGOS

Wenn du im Ausland bist und du hörst einen Tango, dann fühlst du, wie es dein Herz zusammenzieht, und du willst zurück nach Hause, zurück in dein Land, zurück in deine Stadt. CARLOS LAGOS

Heutzutage kann man in Jeans und T-Shirt zur Milonga gehen, früher wäre das undenkbar gewesen: Tangotanzen ohne Hemd und Krawatte! Keine Tänzerin hätte mit so einem auf die Tanzfläche gewollt, und jeder Milonguero hätte einen schief angesehen. „Heutzutage fragen sie dich, warum du in Anzug und Krawatte kommst", klagt Carlos Lagos. „Den Hut hat man inzwischen auch weggelassen. Weil er unbequem ist und immer von den Ellenbogen der Größeren verrutscht oder herabgestoßen würde, behaupten die kleineren Männer – weil sie ständig mit dem Hut an die Decke stoßen würden, sagen die hochgewachseneren. So fing es an!"

Dabei ist der Hut ein Accessoire, das eine gute Bekleidung zusätzlich unterstreicht. Ein guter Hut muss passen wie ein Handschuh. Ist er vom Hutmacher, verliert er seine Form nicht. Auch heute noch gibt es in Buenos Aires traditionsreiche Hutgeschäfte und Hutmacher-Familien, die bereits seit Anfang des Jahrhunderts produzieren. Gardel ohne sein Markenzeichen, den grauen Hut – unvorstellbar! Gardel in jener Szene, als er nach dem Streit mit seiner Geliebten in einer Bar sitzt und *Tomo y obligó* singt. Das ist so mitreißend, und er spielt dermaßen gut, dass es an dieser Stelle regelmäßig zu standing ovations kam. Das Kinopublikum schrie und tobte und gab keine Ruhe, ehe der Filmvorführer nicht zurückspulte und die Szene noch einmal zeigte.

Carlos Lagos ist Alte Schule, und da gibt es keinen Kompromiss: „Ohne Anzug und Krawatte könnte ich gar nicht singen. Außerdem ist das eine Frage des Respekts vor dem Publikum!" Früher war es üblich, dass die Orchestermusiker alle die gleichen Anzüge trugen – ausgenommen Dirigent und Sänger, deren Anzüge sich farblich absetzten.

„Früher war es besser. Heutzutage gibt es viele Probleme", klagt Carlos. „Die Jugendlichen sind anders, ganz anders als wir. Auf gewisse Weise haben sie uns verlassen, haben uns im Stich gelassen.

Aber wenn diese Jugend dann doch anfängt, Tango zu hören, zu tanzen und die Texte zu verstehen, dann trifft der Tango auch sie ins Herz. Und das geschieht unweigerlich, spätestens wenn sie Dreißig geworden sind, denn die Jugend hier hat den Tango im Herzen und dass er durchbricht, wird sich nicht vermeiden lassen."

Carlos Lagos ist darüber hinaus ein leidenschaftlicher Fußballfan. Schließlich hat Argentinien Fußball-Idole wie Tango-Ikonen hervorgebracht. Piazzolla bedeutet für den Tango nun mal dasselbe wie Maradonna für den Fußball. Selbstverständlich gibt es da eine Verbindung zwischen Tango und Fußball, und Carlos erzählt gern, wie er als 14-Jähriger auf einer großen Tango-Veranstaltung war. Das Orchester von Di Sarli spielte und Orasitto sang. Gleichzeitig gab es ein hochinteressantes Fußballspiel zwischen Argentinien und den USA. Davon ausgehend, dass Argentinien siegen würde, hatte man bereits einen Tangotext geschrieben, der Argentiniens Sieg gewidmet war. Während der Tango-Veranstaltung lief die Fußball-Übertragung, und als Argentinien gewonnen hatte, spielte das Orchester das neue Lied, und alle sangen mit – dann wurden die Namen der Spieler verlesen.

KATHLEEN GÖPEL

Tal vez allá en la infancia
su voz de alondra
tomo ese tono oscuro
del callejón,

[MALENA]

Vielleicht hat ihre Lerchenstimme
damals in der Kindheit
diese dunkle Färbung
der Gasse erhalten

DANIEL MELINGO

Ich bin stolz, einen Beitrag zu diesem großen Genre, dem Tango, beizusteuern, und sei er noch so klein. DANIEL MELINGO

Melingos Tangos sind umstritten, polarisieren. „Das ist kein Tango; das ist Salsa, Jazz, Rock'n Roll!", sagen die einen und verlassen fast unter Protest die Tanzfläche. „Das ist die perfekte und entkitschte Adaption des Tangos an den Pulsschlag unserer Zeit", sagen die andern, die es bei den ersten Klängen von Melingos Tangos aufs Parkett zieht. Seine CDs verkaufen sich jedenfalls, und man wartet gespannt auf „die Neue von Melingo, die hoffentlich bald kommt!"

Melingo wuchs im Viertel von Parque Patriculus auf, dort wo der Tango Tag und Nacht aus den Transistorradios schallte; seine Großmutter trällerte Tangos von früh bis spät, die Gemüseverkäufer sangen und die Blumenhändler pfiffen Tangos. Tango lag so selbstverständlich wie Sauerstoff in der Luft von Buenos Aires.

In dieser Stadt pfeifen überhaupt sehr viele Leute. Beim Pfeifen wird der Körper zum Instrument, und die Melodien ändern sich entsprechend der Gefühle. Das Pfeifen begleitet das Gehen, das so wichtig ist, und zwar auf der Straße ebenso wie beim Tango. Tango ist urbane Folklore und spiegelt das Grundgefühl, das man in dieser Stadt hat. Stets liegt über allem ein Hauch Traurigkeit, so beispielsweise in *Mi noche triste* – einen ursprünglich rein instrumentalen Tango von 1917, den Melingo sehr mag.

Melingos Musik ist nachhaltig geprägt worden durch seine Begegnung mit Enrique Cadícamo, dessen Poesie er sehr schätzte. Als er durch einen Freund seine Telefonnummer erfuhr, rief er ihn kurzerhand an und erzählte ihm, dass er angefangen habe, Gedichte zu vertonen. Während sie so telefonierten, lief Melingo die Straße La Basche hinunter, vorbei am Zadaik, dem argentinischen Autorenforum. In der Bar gegenüber erspähte er Cadícamo! Melingo setzte sich zu ihm, und sie redeten fast eine Stunde lang.

Das war 1996. Es blieb bei dieser einen Begegnung! Melingo, der sich zuvor auf dem Popmusik-Parkett bewegte, fühlte sich von da an in der Welt des Tangos zuhause. Dank Cadícamo war er mit dieser lebendigen Tradition in Berührung gekommen. Was noch verstärkt wurde durch den Kontakt zu dem Dichter Luis al Posta, den Cadícamo für ihn herstellte. Die beiden begannen zusammen zu arbeiten. Das Ergebnis waren neue Tangos, die aber auf dem basieren, was Tango traditionell ausmacht. Aus der Zusammenarbeit entwickelte sich bald eine Freundschaft, und es entstand Melingos erster Tango, den er sang und aufnahm: *El Escape Rápido*, mit einem Gedicht von Luis und nach einer Milonga, die schon Edmundo Riviera auf der Gitarre gespielt hatte.

KATHLEEN GÖPEL

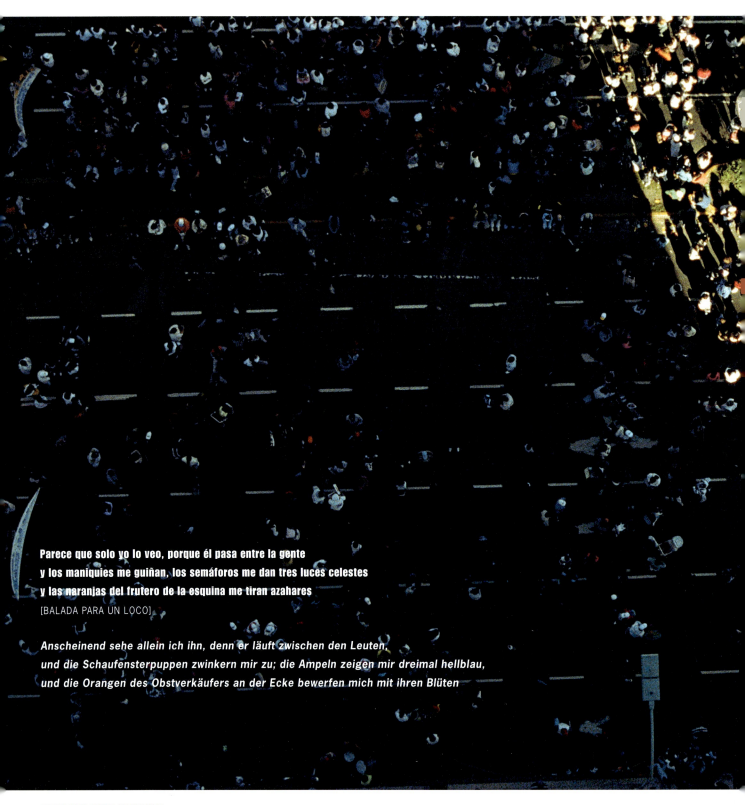

Parece que solo yo lo veo, porque él pasa entre la gente
y los maniquíes me guiñan, los semáforos me dan tres luces celestes
y las naranjas del frutero de la esquina me tiran azahares
[BALADA PARA UN LOCO]

Anscheinend sehe allein ich ihn, denn er läuft zwischen den Leuten,
und die Schaufensterpuppen zwinkern mir zu; die Ampeln zeigen mir dreimal hellblau,
und die Orangen des Obstverkäufers an der Ecke bewerfen mich mit ihren Blüten

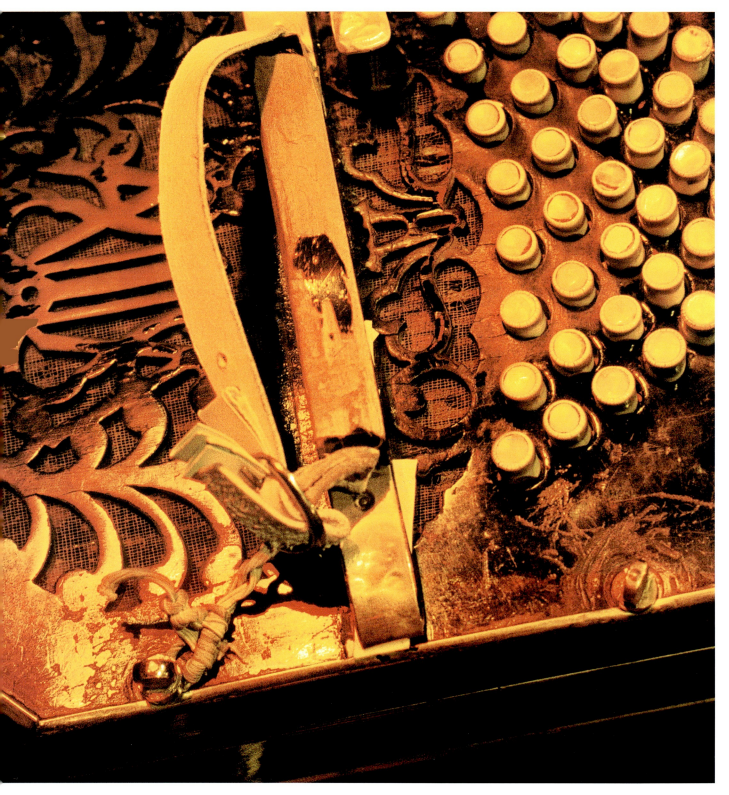

SEXTETO **MAYOR**

Der Tango verändert sich ständig selbst. Er hat von allem etwas. Er ist Lebenslust, Leidenschaft, und er ist die Liebe. Der Tango verwandelt sich in all dies. Wie könnte es sonst angehen, dass wir erlebt haben, wie die Menschen in China genauso enthusiastisch waren wie die in Moskau – und das bei etwas so „traurigem" wie dem Tango!

JOSÉ LIBERTELLA

Das „Sexteto Mayor", die Grandseigneurs der Tangomusik, das Tango-Orchester von legendärem Ruf, sorgte dafür, dass die Geschichte des Tangos in unserer Zeit fortgeschrieben wird.

Dr. Machado Ramos war derjenige, der der Gruppe 1972 seinen Namen gab. Die Musiker zweifelten anfangs: Klang das nicht zu arrogant? War man mit „Sexteto" nicht zu sehr festgelegt? Was, wenn ab und an einer der Musiker fehlte? Schließlich blieb es jedoch dabei, und wer hätte damals schon geahnt, dass die Gruppe dreißig Jahre die Welt bereisen und auf den großen Bühnen spielen würde! 1973 trat das „Sexteto Mayor" zum ersten Mal auf: in der *Casa de Carlos Gardel* in Buenos Aires. 1995 erhielt es den Platin-Konex für das beste Tango-Orchester des Jahrzehnts.

Allein die Revue *Tango Pasión* hatte weltweit über 3.000.000 Besucher. Die Gruppe gastierte damit auf vier Kontinenten, auf den renommiertesten Bühnen in 35 Ländern und in über 500 Städten wie New York (Broadway), Moskau (Kreml Theater), Tokyo (Gotanda U-Port Hall) und Berlin (Deutsche Oper). 2003 feierte das „Sexteto" stilvoll und mit ungebrochener Vitalität sein dreißigjähriges Bühnenjubiläum im *Teatro Colón* in Buenos Aires. Im selben Jahr wurde den Musikern der begehrte „Latin Grammy Award" verliehen. Nach diesen Erfolgen verspricht nun das auch das neueste Projekt, die „Tango-Operita" *Maria de Buenos Aires* von Piazzolla und Ferrer, weltweites Aufsehen beim Publikum zu erregen. Produzent ist wie schon bei *Tango Pasión* der Hollywoodproduzent Mel Howard.

José Libertella, „El Maestro", lenkt seit 1972 die Geschicke des „Sexteto Major" und zählt zusammen mit Luis Stazo zu den führenden Bandoneonnisten unserer Zeit. Libertella schrieb und vertonte zahlreiche Tangos (*Rapsodia de Arrabal, Paris otoñal u. v. m.*) und ist musikalischer Leiter der Broadway Shows *Tango Argentino* (dem ersten Meilenstein auf dem Weg zum Weltruhm des „Sexteto") und

Tango Pasión, an deren Konzeptentwicklung er maßgeblich beteiligt war. José Libertella, von seinen Freunden liebevoll „Pepe" genannt, war neun Jahre alt, als er seine Liebe zum Bandoneon entdeckte; es zog in geradezu magisch an. Damals gab es in jedem Häuserblock mindestens einen, der dieses Instrument beherrschte. Schließlich arrangierte sein Vater für ihn den ersten Unterricht bei einem Nachbarn, der ein Bandoneon besaß und ein wenig spielen konnte. Bezahlt wurde mit Wellblech, das bei ihm lagerte und das der Nachbar gut gebrauchen konnte.

Sein erster „richtiger" Lehrer war Antonio Marafiotti, der ihm, dem Elfjährigen, und einem anderen, doppelt so alten Schüler gemeinsam Unterricht gab. Die beiden lernten binnen kurzer Zeit drei Tango-Stücke, mit denen sie wenig später am Silvesterabend das erste Mal auftraten. Aus dem Versprechen gegenüber Josés Vater, mit dem Elfjährigen bis 23.00 wieder zu Hause zu sein, wurde nichts. Sie hatten so großen Erfolg, dass sie die ganze Nacht bis zum Morgengrauen von einem Haus ins nächste weitergereicht wurden – mit nicht mehr als diesen drei Tango-Stücken im Repertoire!

Ende 1949 – das war noch die Zeit von Troillo, Pugliese und Canaro, bevor sich in die Tangos ab 1955 moderne Einflüsse einschlichen und die Zeit von Piazzolla, Salgán, Rivero, Goyeneche und Susana Rinaldi begann – hatte José Libertella sein Debut in der „Szene": in den großen Kabaretts der Avenida Corrientes und der Straße Maipú, auf Tanzabenden, in Theatern und beim *Radio Mundo*. Das angesagteste Kabarett jener Tage war das *Marabu*; hier gelang ihm der Start seiner überaus erfolgreichen Karriere. Angesichts dessen, dass dort 90 Mädchen und Frauen jeden Alters offiziell angemeldet waren, bekommt man eine Vorstellung, was Nachtleben damals bedeutete. Wenig später, 1950, schloss sich der inzwischen Siebzehnjährige dem Orchester von Osmar Maderna an. Dort begegnete er Luis Stazo, mit dem er später das „Sexteto Mayor" gründen sollte. Es war der

Beginn einer Freundschaft, die die beiden führenden Bandoneonnisten unserer Zeit auch heute noch miteinander verbindet.

Seither arrangiert, komponiert und organisiert José Libertella erfolgreich und mit ungebrochenem Elan Tango-Konzerte und Tango-Revue-Tourneen um die ganze Welt, sorgt für Auftritte des Sextetts auf den Bühnen der großen Theater, Kabaretts und internationaler Festivals. Hinzukommen die unzähligen CD-Produktionen, für die er verantwortlich zeigt. Ein Schwerpunkt liegt auf der Musik Piazzollas, aber inzwischen gibt es wohl kaum einen klassischen Tango, kaum einen neuen Tango, den das Orchester nicht aufgenommen hat.

Trotz seiner Hingabe an den Tango findet Pepe, der vor kurzem stolzer Großvater geworden ist, Zeit für seine Familie. Auch wenn seine Frau gelegentlich klagt: „Manchmal weiß ich nicht, was ich den Nachbarn noch sagen soll: Er sieht nicht, er hört nicht, geht einfach stumm und grußlos vorbei – er hat nur seine Musik im Kopf!"

Luis Stazo ist Bandoneonist und schrieb und vertonte zahlreiche bekannte Tangos. Er arbeitete zusammen mit Armando Cupo, Don Julio de Caro, Ernesto Baffa u. a. und war musikalischer Leiter von Orchestern, die so berühmte Sänger wie Roberto Goyeneche oder Gloria Diaz begleiteten. Beim „Sexteto Mayor" ist er verantwortlich für die musikalische Leitung und das Arrangement.

Mario Abramovich ist seit 1963 Violinist im Philharmonischen Orchester des *Teatro Colón* in Buenos Aires. Er komponierte zahlreiche Tangos, u. a. mit Luis Stazo, und zählt zu den Gründern des „Sextetos".

Eduardo Walczak ist ebenfalls Violinist und Mitglied des städtischen Kammerorchesters sowie des Musical-Ensembles von Buenos Aires.

Der Pianist **Oscar Palermo** ist ebenfalls Gründungsmitglied des „Sexteto Mayor" und zählte darüber hinaus zu den ersten Mitgliedern des Orchesters von Osvaldo Piro.

Osvaldo Aulicino verfügt als Kontrabassspieler über einen breitgefächerten musikalischen Erfahrungsschatz gleichermaßen im Bereich der klassischer Musik wie auch im Tango.

Hochgerechnet zählt das „Sexteto" an die 400 Lebensjahre – voll beispielloser Kraft, Energie, Lust und Leidenschaft verbracht im Dienste des Tangos. Und es blickt in eine Zukunft voller aufregender Projekte.

KATHLEEN GÖPEL

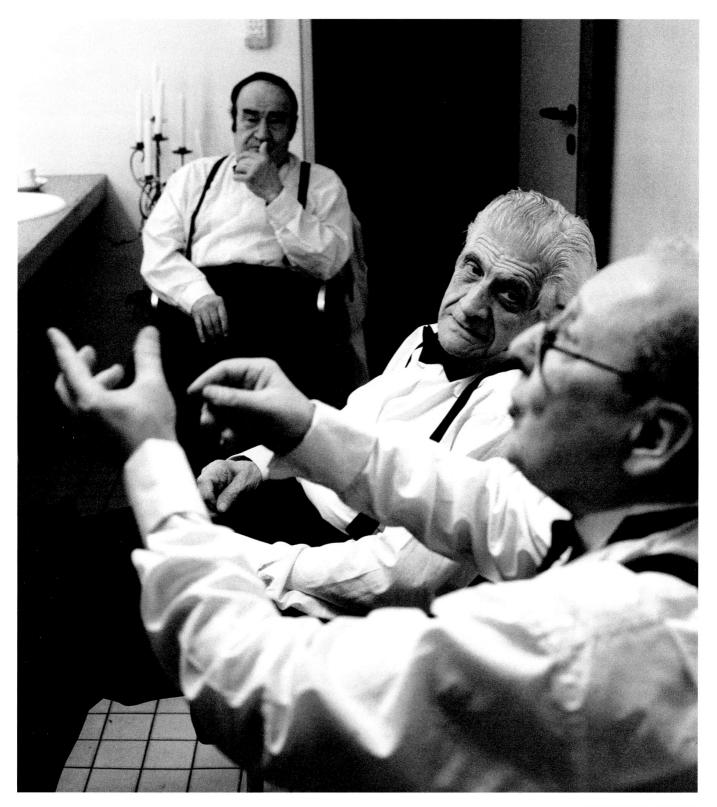

Creo que Tango es eso
que provoca un clavel en mi solapa

[CREDO DE AMOR EN TANGO]

Ich glaube, der Tango ist das,
was eine Nelke an meinen Rockaufschlag zaubert

MIT DEM TANGO IM HERZEN 77

El farolito de la calle en que nací
fue el centinela de mis promesas de amor,
bajo su inquieta lucecita yo la ví
a mi pebeta luminosa como un sol.
[MI BUENOS AIRES QUERIDO]

Die Laterne der Straße, in der ich geboren wurde,
war der Wächter über meine Liebesversprechen,
unter ihrem unruhigen Licht sah ich sie,
mein Mädchen, strahlend wie eine Sonne.

MIT DEM TANGO IM HERZEN 91

OMAR OCAMPO MÓNICA ROMERO

Tanzend werde ich sterben, tanzend werde ich begraben, und tanzend werde ich zu den Füßen des ewigen Vaters kommen, denn aus dem Leib meiner Mutter kam ich auf diese Welt, um zu tanzen. OMAR OCAMPO

Omar und Mónica stehen seit ihrem 18. Lebensjahr auf den Bühnen der Welt, seit 1994 mit der Tango-Revue *Tango Pasión*. Auch privat sind sie seither ein Paar.

Mónica Romero, geboren in Buenos Aires, Tochter der argentinischen Starsängerin Estela Raval und des Musikers und Sängers Rycardo Romero, studierte Jazz und Modern Dance. Die Begegnung mit Omar Ocampo brachte den Wendepunkt in ihrer Karriere. Mónica, die behütete „Princesa", und ein tanzender Gaucho! Welch ein Skandal für diese berühmte Familie! Doch Mónica ließ sich nicht beirren. Das Paar heiratete und begründete „Los Ocampo". „Inzwischen haben sie entdeckt, wer Omar ist. Und ich glaube, heute mögen sie ihn mehr als ich!", sagt Mónica.

Omar, der seit seinem zehnten Lebensjahr passionierter Tänzer ist, kam 1974 zum ersten Mal nach Buenos Aires, wo er mit dem renommierten *Ballet Folklorico Nacional* unter der Leitung von Santiago Ayala, „El Chúcaro", auftrat, und er verliebte sich prompt in diese unglaubliche Stadt – und in den Tango. Kein Grund für Omar, der den Ruf genießt, bester Folkloretänzer Argentiniens zu sein und darüber hinaus Mitglied der Jury der *Danzas Argentinas Competition* ist, den Folkloretanz aufzugeben.

Omar ist Gaucho und lebt auf seiner Ranch außerhalb der Stadt. Dort tanzt er in seiner Freizeit mit den Pferden! Der Malambo ist ein reiner Männertanz, bei dem der Mann den Rhythmus aus dem Boden stampft und die Bewegungen des Pferdes möglichst getreu imitiert. Dabei geht es um die Konfrontation mit dem anderen Mann. Jeder der beiden will natürlich der Bessere sein, die gekonntesten Figuren machen. Aber es kommt nicht zum Streit, denn der Tanz endet, indem die Rivalen zusammenfinden: Die Männer tanzen zwar in ihrem eigenen Rhythmus, aber sie tun es auf eine Weise, dass ihre Schritte sich miteinander kombinieren lassen und harmonieren. Rivalität wandelt sich in Freundschaft. Man hat den anderen aufgrund seines Könnens schätzen gelernt – das ist eine gute Erfahrung, ein schönes Gefühl.

Omar weiß, dass es auch beim Tango mal heiß hergehen kann, und die Messer auch heute noch gezückt werden. Er zuckt die Achseln: „Das muss man dann eben auf den Tanz übertragen und dort austragen." Tanzen bedeutet für Omar, die Welt zu beobachten, sie zu erfahren und dann tanzend auszudrücken, was er wahrnimmt und fühlt. Daher ist es ihm wichtig, auch im Alltag Pferde in seiner Nähe zu haben; sie zu bändigen, sich ihre Bewegungen oder den Ton ihrer Hufe einzuprägen, um dann beim Malambo dem Boden genau diesen Ton zu entlocken. „Beim Tango ist es ähnlich", zieht er den Vergleich, „nur geht es nicht um ein Pferd, sondern um eine Frau, der ich Vorschläge und Vorgaben mache. Die Frau braucht Vorschläge des Mannes, um Tango tanzen zu können."

Tango ist nicht nur ein Gefühl, das man tanzen kann, sondern jedes Gefühl, seien es die ganz großen oder die alltäglichen wie Freude, Melancholie, Wut. So kam es, dass Omar der Tango plötzlich näher war als zehn Jahre Folklore, und prompt lernte er beim Tangotanzen seine Frau Mónica kennen, mit der er seither auf der Bühne steht und durch die ganze Welt zieht. Eine Beziehung, wie sie in dieser kunterbunten wie erotisch geprägten Show- und Tangowelt höchst selten zu finden ist.

KATHLEEN GÖPEL

³⁴ PUÑALADAS

Lunfardo ist fatalistisch, tragisch, grotesk, „muy macho" und zugleich aber auch sehr ironisch. Wenn ich einen dieser tragischen Lunfardo-Tangos singe, lacht sich das Publikum manchmal halbtot: „Mein Gott, ist das tragisch, was du da singst!" ALEJANDRO GUYOT

„34 Messerstiche" nennt sich die sympathische, aufstrebende junge Lunfardo-Gruppe, die sich wachsender Beliebtheit erfreut. Die Tangos, die sie in der traditionellen Besetzung spielen (Gitarron, Sänger, zwei Gitarren), sind ursprünglich und authentisch, wenn auch leicht abgewandelt und dadurch moderner. So erklärt sich auch der Name der Gruppe: „34 Puñaladas" – eine Hommage an einen Tango von Rivero mit dem Titel „Amablemente", der einen mit 34 Messerstichen verübten Mord beschreibt. Es ist das erklärte Anliegen der vier Musiker, neue, vor allem aktuelle Elemente der heutigen Zeit in den Tango zu integrieren. Damit sprechen sie besonders junge Leute an, selbst solche, die sich eher für Rock und Pop interessieren. Diese begeistern sich für den nicht zu überhörenden rebellischen, unbequemen Kern in ihren Tangos. Lob und Zuspruch kommen auch von der älteren Generation.

Und so ist die „Szene", die sie sich seit 1998 für ihre Auftritte gewählt haben, nicht unähnlich jener von damals, der Off-Szene, in die das Repertoire der Gruppe passt: Sie erzählt Geschichten, die im Grunde keiner hören will, weil sie eine unbequeme Wirklichkeit beschreiben: von Huren, Drogen, Gaunereien, Diebstahl. In diesen Kontext fügt sich auch der Titel ihrer neuen CD: *Tangos carcelarios* – „Knasttangos". Unbeeindruckt davon, dass sie den 1. Preis beim „Clarín espectáculos" (im *Teatro Colón*) gewonnen und Tangogruppe des Jahres wurden, spielten die „Puñaladas" drei Monate lang an den Wochenenden kostenlos in einer von Arbeitern besetzten Fabrik.

Die meisten Tangos, die heutzutage aufgelegt werden, sind urbekannt, tausend Mal gehört, kitschig gewordene „Exporttangos". Man nehme: ein paar klassische wohlbekannte Tangos, mische sie mit ein paar altgedienten Klischees, demonstriere Ergriffenheit, ganz so als käme es aus dem Herzen – beim bloßen Gedanken daran bekäme er „heftiges Zahnweh", behauptet Alejandro Guyot, der Sänger der Gruppe.

Es gab immer wieder Zeiten in Argentinien, in denen die Tangos mit den unbequemen Texten verboten waren, vorwiegend aus politischen Gründen. Erlaubt waren nur die harmlosen, die, die von den „großen Gefühlen" berichten. Die anderen Tangos gerieten darüber nahezu in Vergessenheit und werden deswegen heute mit so großer Aufmerksamkeit bedacht. Viele glauben sogar, es handele sich wegen ihrer Aktualität um neue, von den „Puñaladas" selbst verfasste Texte. In Wirklichkeit stammen sie aus den 20er, 30er und 40er Jahren. Die große Resonanz darauf zeigt, dass die in den Texten beschriebene Wirklichkeit von damals wohl offenbar nicht so weit entfernt ist von der heutigen.

Provokant ist auch die Sprache dieser Tangos: das Lunfardo, das ebenso immer wieder verboten wurde. „Tango Lunfardo" war die Sprache des Volkes – grob, unkontrollierbar, rebellisch, manchmal ein wenig dramatisch, aber auch lustig, verzweifelt lustig. Wer auf Lunfardo erzählt, diese stilisierte Gassensprache heute verwendet, tut das, weil es ermöglicht, sich unmittelbarer auszudrücken, starke Gefühle zu vermitteln, ohne in Kitsch abzugleiten. Zugleich lässt es Distanz zu. Das Lunfardo bietet sich an als eine Sprachrolle, in die man schlüpfen kann; sie erlaubt es, Gelassenheit gegenüber dem Erlebten und dem eigenen Schicksal zu erlangen.

KATHLEEN GÖPEL

Y luego, besuqueandole la frente,
con toda educación, amablemente,
le fajó treinta y cuatro puñaladas.

[AMABLEMENTE]

Und danach, ihr Antlitz küssend,
mit den besten Manieren, liebenswürdig,
stach er vierunddreißig Mal auf sie ein.

JUAN CORVALAN   VIVIANA LAGUZZI

Wenn man nicht liebt, wenn man sich auch nicht selber liebt, kann man nicht weitermachen, kann man nicht mit sich selbst sein.

JUAN CORVALAN

Juan und Viviana – zwei Herzen, die vereint im Tango-Rhythmus schlagen. Das gefeierte Traumpaar steht seit 1989 auf den Bühnen der Welt: Sechs Jahre Tournee durch Südamerika und Europa mit der Revue *El Tango* von Mariano Mores, offizielle Repräsentanten Argentiniens auf der Weltausstellung 1992 in Sevilla wie auch beim „Concert of the Americas" 1994 in Miami, seit 1992 auf Welt-Tournee mit *Tango Pasión*. Juans Karriere begann beim renommierten Folklore-Ensemble von Santiago Ayala, „El Chúcaro", Vivianas als Tänzerin im *Teatro Colón* in Buenos Aires.

Passenderweise war die „Cumparsita" ihr erster Tango, mit dem sie auf der Bühne standen. Und er hat sie seither begleitet: um die ganze Welt, durch viele Jahre, durch ihr Leben. Es ist „ihr" Tanz, aber getanzt haben sie ihn kein zweites Mal auf dieselbe Weise. Kein Tango lässt sich wiederholen. Immer wieder anders, anders auch die Orte, das Publikum, die Choreographien, die Stimmungen. Wenn es besonders gut geht, dann werden die speziellen Gefühle, die die beiden in ihren Tanz hineingeben, für das Publikum sichtbar und die Geschichten, die sie durch ihren Tanz ausdrücken, spürbar.

Die „Cumparsita", der wohl bekannteste Tango überhaupt, ist vergleichsweise kurz. „Ganze 3 Minuten! Da ringst du nach Atem und gibst alles, um Nähe und Emotionen in den paar Minuten rüber-zubringen. Du drehst auf, musst aber gleichzeitig doch die Energie runterschalten, sonst bist du nicht entspannt genug und die Bewe-gungen sind nicht mehr flüssig", sagt Juan, und Viviana ergänzt: „Man darf mit der Energie nicht sparen, man muss aufdrehen, um alles geben zu können, aber trotzdem etwas davon zurückhalten. Das ist wichtig, denn sonst sieht alles gleich aus, und es gibt keine Steige-rung mehr. In der ‚Cumparsita' muss alles komprimiert sein, in der ‚Tangata' wiederum, die zwanzig Minuten dauert, lässt sich choreo-graphisch mehr entwickeln, fast wie im Ballett. Unser Tanzstil ist eher modern und passt zu Piazzolla, der so viel Freiraum für Technik und Spielereien gestattet, dass man immer wieder Neues entwickeln

kann. Wir tanzen ja keinen Salontango, da darf man auch mal was Verrücktes probieren."

Die beiden sind viel gefragte Choreographen und Tangolehrer. Schüler aus ganz Europa kommen in ihre Workshops oder zum Privat-unterricht. Die meisten Europäer tanzen „sportiv". Obwohl sie eine Vielzahl von Schritten kennen, nehmen sie Unterricht, um weitere Schritte zu lernen. „Wir sagen dann: ‚Zeigt mal, was ihr könnt, und dann arbeiten wir daran'. Es ist immer dasselbe: Obwohl sie viel mehr Informationen über den Tango besitzen als die meisten Leute hierzu-lande, haben sie keine Ahnung, wie man zur Musik tanzt. Selbst wenn man ihnen die Musik abstellt, ändert sich nichts: Sie tanzen unbeirrt weiter. Wir fragen dann: ‚Hör doch mal auf die Violine. Was fühlst du hier? Das ist doch ein ganz spezieller Moment im Lied. Wie kann man tanzen, ohne zu fühlen? Tango ist fühlen: den Klang der Musik, den Körper des Partners, die Atmosphäre des Ortes …'"

Tango ist erheblich mehr als eine Ansammlung gelernter Schritte. Zum Bandoneon wird nun mal anders getanzt als zur Geige – das fühlt sich auch nicht gleich an. Acht Schritte bilden die Basis neben ein paar Verzierungen. Es ist immer dasselbe: Basse, Gancho, Ocho. Mit diesen einfachen Grundschritten lässt sich so viel machen. Sie unterscheiden sich jedoch grundlegend voneinander. „Für viele Europäer, die zu uns kommen, ist das erst einmal ein Schock. Aber danach sind sie meist umso begeisterter bei der Sache."

Die elf Jahre, die Juan und Viviana mit *Tango Pasión* auf Tournee sind, bedeuten nicht nur unzählige Auftritte, sondern auch Proben – mehrere vor jedem Auftritt, hinzu kommt noch das tägliche Trai-ning. Von Routine keine Rede, sind doch selbst die Proben der beiden ein spannender Event. Faszinierend nicht nur die innige Zwiesprache zweier Körper, sondern auch die Dialoge, die Sorgfalt, die auf jedes noch so kleine Detail verwandt wird. Wen kümmerts bei so viel Harmonie, dass das Traumpaar privat getrennte Wege geht?

KATHLEEN GÖPEL

RAÚL LAVIÉ

Mein geliebtes Buenos Aires,
wenn ich dich wieder sehe,
wird es kein Leid und kein Vergessen mehr geben.
ALFREDO LE PERA

„Tango – das ist eine Welt für sich", sagen die Skeptiker, „alles ist Tango", behauptet die Schar der „aficionados" – die Sympatisanten, Adepten und Amateure. Sicherlich haben beide Seiten Recht. Auch unbestrittene Namen von Weltklang äußern sich womöglich für viele überraschend über den Tango – so der berühmte Pianist und Dirigent Daniel Barenboim, gebürtiger Argentinier, der bis zu seinem 10. Lebensjahr in Buenos Aires aufwuchs: „Die Luft, die ich atmete war Buenos Aires, meine Sprache Spanisch-Porteño, und der Rhythmus, zu dem ich tanzte (bildlich gesprochen), der Tango. Mein Idol war Carlos Gardel. Fast ein halbes Jahrhundert später kam ich zurück – nicht nur nach Argentinien, nicht nur zu meiner Kindheit, sondern vor allem zu meinem *Buenos Aires querido*." Innerhalb von nur vier Tagen, zwischen Konzerten im Luna Park und dem *Teatro Colón*, nahm er mit viel Mate-Tee und einer gehörigen Prise Spaß in nur zwei Sitzungen seine Tango-CD auf, die er nach dem berühmten Tango von Carlos Gardel *Buenos Aires querido* benannte – eine Hommage an Gardel, an dessen Grab die ewig-frischen Blumen ebenso selbstverständlich sind wie die tägliche Erneuerung der obligatorischen Zigarette im Mundwinkel oder zwischen den Fingern seiner Statue. Niemand würde sich anmaßen, Gardel nach eigenem Belieben zu singen oder gar zu interpretieren –, denn die Sympathie des Publikums wäre bei der geringsten Abweichung verspielt.

Raúl Lavié singt Gardel. Ganz so wie es sein soll, singt er ihn – aus Überzeugung und aus Leidenschaft. Und dazu hat er die höchst-offizielle Zustimmung seiner Landesregierung, die ihm den Status des anerkannten Gardel-Interpreten verliehen hat. Raúl Lavié ist jedoch nicht nur Tangosänger, nicht nur einer der besten Schauspieler seines Landes, er ist ein Star, den man getrost als einen der vielseitigsten Künstler Argentiniens bezeichnen kann und der weit über die Landesgrenzen hinaus bekannt ist: Seine Karriere begann er 1956 im Alter von 18 Jahren im Radio „El Mundo". Kurz darauf holt ihn

Hector Varela in sein renommiertes Orchester. Aus der Radiosendung entstand die Idee zur „Raúl Lavié-Show", der wohl erfolgreichsten Fernsehshow des Landes, die allein 5.000 bis 10.000 Zuschauer pro Sendung live verfolgen. Weitere TV-Sendungen in Argentinien wie auch in Mexiko kamen hinzu.

Als Sänger und Schauspieler wirkte Lavié außerdem in zahlreichen Broadway-Musicals und in über zwanzig Kinofilmen mit. Er wurde vielfach ausgezeichnet, u.a. als Bester Fernsehsänger und 1995 als Bester Sänger der letzten zehn Jahre. Sogar eine Straßenecke in Buenos Aires ist nach ihm benannt.

Und der Tango? 1965 gewann Raúl Lavié mit *El último Café* den ersten Preis im „Primer Festival de la Canción". Lange Zeit sang er in Buenos Aires auf dem Platz „SR Tango", einem der beliebtesten Plätze für Tango. Tag für Tag strömten hunderte von Menschen dorthin, um ihn zu hören. Zusammen mit Piazzolla ging er auf Tournee nach Amerika und Japan, wo sie mit der Tango-Operita *Maria de Buenos Aires* große Opernhäuser füllten. Weitere Konzertreisen führten ihn durch Kanada, Europa bis nach Russland und Turkmenistan.

KATHLEEN GÖPEL

JORGE WAISBURD

Alles ist Tango – es ist unmöglich, das zu verhindern.
JORGE WAISBURD AUF „2 POR 4"

Nach dem Krieg, Ende der 40er Jahre, gab es drei große Radiosender, von denen jeder zwölf bis fünfzehn Tango-Orchester mit jeweils zehn bis zwölf Musikern beschäftigte. Das war damals. Heute dienen diese Aufnahmen allen argentinischen Radiosendern, die Tangomusik spielen, als Grundstock ihres Musikarchivs.

Jorge Waisburd, der Moderator des Tango-Radiosenders „2 por 4", ist die allgegenwärtige Stimme des Tangos. Sein Sender, das „Tango-Radio für jeden Geschmack" auf FM 92,7, informiert rund um die Uhr. Nichts und niemand, den Jorge nicht kennt. Natürlich erinnert er sich noch an die Zeit, in der es nichts Ungewöhnliches war, wenn ein Tango-Orchester pro Tag in drei bis vier Clubs spielte und zwischendrin noch für einen Live-Auftritt zu einem Radiosender fuhr. Unten wartete der Bus und weiter ging es! Damals berichteten die Tageszeitungen täglich, welche Orchester in welcher Besetzung wo spielten. Wenn Di Sarli im „Racin" auftrat, waren die Straßenbahnen dorthin schon Stunden vorher überfüllt. Und hatte man es dann doch geschafft, kam man wegen Überfüllung nicht hinein.

Das Tangoradio aus Buenos Aires begleitet den Pulsschlag der Stadt mit Tangomusik von Gardel bis Piazzolla, mit aktuellen Tangoinformationen und Tangogeschichten. Und Jorge ist nicht nur ein wandelndes Tangoarchiv, er ist ein Geschichtenerzähler, wie es im Buche steht. So erfahren wir von ihm, dass jeder Tango seine ureigene Geschichte erzählt, die voll Poesie ist und ganze drei Minuten dauert. Es gelingt ihm meisterlich, die Kernaussagen eines Tangos zusammenzufassen, und das klingt dann etwa so: „Griselle ist wieder da, diese Prinzessin mit Jasminhaut kehrte zurück unter einem Sternenhimmel ...", oder: „Der Mann, der mit einer Blume unterschreibt ...", oder: „Eine alte Frau, die Tag um Tag auf einem Platz sitzt und so alt ist, dass sie vermutlich älter ist als der Platz, und dort wohl immer schon gesessen hat, sodass der Platz um sie herum gebaut worden sein muss."

Tag und Nacht geht das so, ad infinitum, nur gelegentlich unterbrochen von den Nachrichten oder vom Wetterbericht. Jorge Waisburd kennt keine Pause! Über seine Stadt, die er sehr liebt, weiß er unzählige Geschichten, und die Zeit vergeht wie im Flug, wenn man diesen lauscht: etwa von den Frauen in Buenos Aires, die stets ein paar Tanzschuhe mit hohen Absätzen im Kofferraum ihres Wagens zu liegen haben. Auch wenn sie heute gar nicht vorhaben, in die Milonga zu gehen. Aber vielleicht ergibt sich ja doch etwas ... Obsession? Besessenheit? Sucht? Oder einfach nur Leidenschaft? Wie soll man das erklären? Und die Geschichte mit den Hausfrauen? Ganz normale Hausfrauen, die mit ihren Einkaufstüten aus dem Supermarkt kommen, um dann aber auf ihrem Weg nach Hause einen kurzen Halt einzulegen, weil sie an einer der zahlreichen Milongas unter freiem Himmel vorbeikommen. Im Nu sind die Einkaufstüten unter einem Baum oder an der Straßenecke abgestellt, und sie selbst kreisen selbstvergessen auf dem Tanzparkett aus Pflastersteinen. Ein paar Tangos, ein paar Milongas oder ein Vals, bis ihr Blick die Tüten streift, und weiter geht es nach Hause.

KATHLEEN GÖPEL

veni, quéreme así piantao, piantao, piantao,
abrite los amores que vamos a intentar la trágica locura
total de revivir, veni, vola, veni, tra ... lala ... lara ...
[BALADA PARA UN LOCO]

Komm, lieb mich so, verrückt, verrückt, verrückt,
öffne dich der Liebe, denn wir werden den tragischen, total
verrückten Versuch unternehmen, wieder zu leben, komm,
flieg, tra ... lala ... lara ...

BILDNACHWEIS

4

10-11

14

20-21

[4] In Mataderos, dem Bezirk der Fleischer von Buenos Aires. [10-11, 14] Blick über die Innenstadt. Gut sichtbar ist die Bronzekuppel des „Congreso" (Kongressgebäude), dem Sitz des Parlaments. [20-23] Abendliche Hektik in der Innenstadt.

22

23

24-25

26

[24-29] Alejandra Graham beim Tanz im *Palacio Algina*.

28

29

30-31

32

[30-31] Die breite Avenida 9 de Julio mit dem Obelisken, dem Wahrzeichen der Stadt. [32-34] Der „President" Horacio Ferrer in der *Academia Nacional del Tango*.

33

34

36

37

[36-37] Der Friseursalon „La Moderna" in San Telmo. Der alte Frisör erzählt stolz, dass Carlos Gardel ihm als Kind ein Bonbon geschenkt hat.

38

39

40

42

[38-39] Carlos Lagos: beim Hutkauf in der Avenida Belgrano und im beliebten Tangotreffpunkt „Bar de Roberto" [40-43] im Almagro-Viertel.

43

44-45

46

47

[44-46, 49] Buenos Aires – Blick auf die verschachtelten Dachterrassen. [47-48] „Chacarita", eine Milonguera.

48

49

50

51

[50-54] Über den Dächern des Viertels „Villa Urquiza"; Daniel Melingo in seinem Apartment.

[56-57] Eine Demonstration auf der Avenida 9 de Julio, die lange Zeit als breiteste Straße der Welt galt.

[58-61] In einer alten Sporthalle treffen sich unter Basketballkörben und im Neonlicht sehr gute Tänzer zur Milonga im *Sunderland Club*. [62] Das Bandoneon von José Libertella.

[64] José Libertella in der „Confitería Ideal".

[66-73] Dreißig Jahre „Sexteto Mayor". Das Geburtstagskonzert fand im *Esquina Carlos Gardel* statt. Das Aufnahmestudio in Villa Lugano, einem sehr armen Viertel in Buenos Aires.

[74-75] Eine einfache Bar in Mataderos. [76-77, 84-85] San Telmo bei Nacht, das größtenteils denkmalgeschützte Altstadtviertel von Buenos Aires.

[78-81] Nächtliche Straßenszenen in Buenos Aires. [82-83] Jung und Alt bei der Milonga in der „Pergola del Belgrano".

[86-87] Pocho Pizarro beim „Besentanz". [88-90] In der Künstlergarderobe bei den Vorbereitungen der Tango-Show *Tango Pasión*.

52

53

54

56-57

58-59

60

61

62

64

66

67

68

69

70-71

72

73

74-75

76

77

78-79

80

81

82-83

84-85

86

87

88-89

90

[91-93] Bei Proben im *Centro Cultural San Martín*.

[94-99] Omar Ocampo tanzt mit den Pferden auf der Viehgroßfarm „Florida" in der Provinz Partido de Pilar.

[100-102] Skurrile Straßenszenen vor den Großschlachtereien in Mataderos. **[103-106]** Die „34 Puñaladas" im Almagro-Viertel.

[107-109] Das Hafenviertel La Boca, in dem sich ursprünglich italieni- sche Einwanderer niedergelassen haben.

[110-112, 115] Blau-gelb, die Farben von „Boca Junior", der berühmten Fußballmannschaft, in der Diego Maradona seinen weltweiten Siegeszug begann. **[113]** Goooool! – Das Stadion überragt das ganze Viertel La Boca.

[116-119] Der spröde Charme des Hafenviertels am südlichen Stadt- ende entlang des Kanals Riachuelo.

[120-125] Das *Ballet Folklórico Nacional* kümmert sich um den Nach- wuchs im *Centro Nacional de la Música*, der alten Nationalbibliothek.

126

127

128

129

130

131

132

134

135

136

137

138-139

140

141

142

143

144

145

146-147

148

150-151

152

154-155

166-167

[126-139] Juan Corvalan und Viviana Laguzzi beim gemeinsamen Training.

[140-143] Boedo – Blickwechsel in den Straßen von Buenos Aires.

[144-148] Raúl Lavié auf der Terrasse über der Avenida Corrientes und bei der Aufnahme von „Balada para un loco" im *Centro Cultural San Martín*.

[150-152] Jorge Waiswurd im Studio von „2 por 4" – La Radio de Tango de Buenos Aires. [154-155] Die Blaue Stunde in Buenos Aires. [166-167] Wer für das Ausführen der Hunde keine Zeit hat, engagiert einen „Pasador de Perros".

MALENA

MALENA

Text: Homero Manzi
Musik: Lucio Demare
Komponiert: 1942

Malena canta el tango
como ninguna
y en cada verso pone
su corazón;
a yuyo del suburbio
su voz perfuma,
Malena tiene pena
de bandoneón.
Tal vez allá en la infancia
su voz de alondra
tomo ese tono oscuro
del callejón,
o acaso aquel romance
que solo nombra
cuando se pone triste
con el alcohol.
Malena canta el tango
con voz de sombra,
Malena tiene pena
de bandoneón.

Tu canción
tiene el frío del último encuentro,
tu canción
se hace amarga en la sal del recuerdo.
Yo no sé
si tu voz es la flor de una pena,
solo sé
que al rumor de tus tangos, Malena,
te siento más buena
mas buena que yo.

Tus ojos son oscuros
como el olvido,
tus labios apretados
como el rencor,
tus manos, dos palomas
que sienten frío,
tus venas tienen sangre
de bandoneón.
Tus tangos son criaturas
abandonadas
que cruzan sobre el barro
del callejón
cuando todas las puertas
están cerradas
y ladran los fantasmas
de la canción.
Malena canta el tango
con voz quebrada;
Malena tiene pena
de bandoneón.

Malena singt den Tango
wie keine andere,
und in jeden Vers legt sie
ihr ganzes Herz;
mit dem Blütenduft der Vorstadt
parfümiert sie ihre Stimme,
Malena hat den Schmerz
des Bandoneons.
Vielleicht hat ihre Lerchenstimme
damals in der Kindheit
diese dunkle Färbung
der Gasse erhalten
oder vielleicht durch jene Liebe,
die sie nur erwähnt,
wenn sie durch den Alkohol
traurig ist.
Malena singt den Tango
mit Schattenstimme,
Malena hat den Schmerz
des Bandoneons.

Dein Lied
hat die Kälte der letzten Begegnung,
dein Lied
wird bitter im Salz der Erinnerung.
Ich weiß nicht,
ob deine Stimme die Blüte eines
Schmerzes ist, ich weiß nur,
dass ich im Geflüster deiner Tangos, Malena,
ich dich näher fühle,
näher als mich.

Deine Augen sind dunkel
wie das Vergessen,
deine Lippen zusammengepresst
wie der Gram,
deine Hände, zwei Tauben,
die frieren,
durch deine Adern fließt das Blut
des Bandoneons.
Deine Tangos sind
verlassene Kinder,
die über den Matsch
der Gasse gehen,
wenn alle Türen
geschlossen sind
und die Geister
des Gesangs bellen.
Malena singt den Tango
mit gebrochener Stimme;
Malena hat den Schmerz
des Bandoneons.

MI BUENOS AIRES QUERIDO

MEIN GELIEBTES BUENOS AIRES

Text: Alfredo Le Pera
Musik: Carlos Gardel
Komponiert: 1934

Mi Buenos Aires querido,
cuando yo te vuelva a ver,
no habra más penas ni olvido.

Mein geliebtes Buenos Aires,
wenn ich dich wieder sehe,
wird es kein Leid und kein Vergessen mehr geben.

El farolito de la calle en que nací
fue el centinela de mis promesas de amor,
bajo su inquieta lucecita yo la ví
a mi pebeta luminosa como un sol.

Die Laterne der Straße, in der ich geboren wurde,
war der Wächter über meine Liebesversprechen,
unter ihrem unruhigen Licht sah ich sie,
mein Mädchen, strahlend wie eine Sonne.

Hoy que la suerte quiere que te vuelva a ver,
ciudad porteña de mi unico querer,
oigo la queja de un bandoneón,
dentro del pecho pide rienda el corazón.

Heute, wo das Glück will, dass ich dich wieder sehe,
Hafenstadt meiner Sehnsüchte,
höre ich das Klagen eines Bandoneons,
und das Herz in meiner Brust muss gezügelt werden.

Mi Buenos Aires, tierra florida
donde mi vida terminaré.
Bajo tu amparo no hay desengaños,
vuelan los años, se olvida el dolor.

Mein Buenos Aires, blühende Heimatstadt,
wo ich mein Leben beenden werde.
Unter deinem Schutz gibt es keine Enttäuschungen,
die Jahre verfliegen, man vergisst den Schmerz.

En caravana los recuerdos pasan
como una estela dulce de emoción,
quiero que sepas que al evocarte
se van las penas del corazón.

In einer Karawane ziehen die Erinnerungen vorüber
wie süße Schwaden voller Gefühl,
du sollst wissen: Wenn ich an dich denke,
verschwindet das Leid aus meinem Herz.

Las ventanitas de mis calles de arrabal,
donde sonrie una muchachita en flor;
quiero de nuevo yo volver a contemplar
aquellos ojos que acarician al mirar.

Die kleinen Fenster in den Straßen meines Viertels,
wo ein blühendes Mädchen lächelt;
gerne würde ich noch einmal
jene Augen anschauen, deren Blicke streicheln.

En la cortada más maleva una canción,
dice su ruego de coraje y de pasión;
una promesa y un suspirar
borró una lagrima de pena aquel cantar.

In der dunkelsten Gasse spricht ein Lied
sein Gebet von Mut und Leidenschaft;
ein Versprechen und ein Seufzen
jenes Singen trocknete eine Träne des Leides.

Mi Buenos Aires querido …
cuando yo te vuelva a ver …
no habra más penas ni olvido …

Mein geliebtes Buenos Aires …
wenn ich dich wieder sehe …
wird es kein Leid und kein Vergessen mehr geben …

BALADA PARA UN LOCO

BALLADE FÜR EINEN VERRÜCKTEN

Text: Horacio Ferrer
Musik: Astor Piazzolla
Komponiert: 1969

(Recitado)
Las tardecitas de Buenos Aires tiene ese que sé yo, viste?
Salgo de casa por Arenales, lo de siempre en la calle y en mí,
cuando de repente, detrás de ese arbol, se aparece él,
mezcla rara de penúltimo linyera y de primer polizonte
en el viaje a Venus. Medio melón en la cabeza,
las rayas de la camisa pintadas en la piel,
dos medias suelas clavadas en los pies
y una banderita de taxi libre en cada mano ... Ja ... ja ... ja ... ja ...
Parece que solo yo lo veo, porque él pasa entre la gente
y los maniquies me guiñan, los semáforos me dan tres luces celestes
y las naranjas del frutero de la esquina me tiran azahares,
y así medio bailando, medio volando,
se saca el melón, me saluda, me regala una banderita
y me dice adiós.

(Cantado)
Ya sé que estoy piantao, piantao, piantao,
no ves que va la luna rodando por Callao
y un coro de astronautas y niños con un vals
me baila alrededor ...
Ya sé que estoy piantao, piantao, piantao,
yo miro a Buenos Aires del nido de un gorrión;
y a vos te ví tan triste; veni, vola, senti el loco berretín
que tengo para vos.
Loco, loco, loco, cuando anochezca en tu porteña soledad,
por la ribera de tu sábana vendré con un poema
y un torombón a desvelar el corazón.
Loco, loco, loco, como un acrobata demente saltaré
sobre el abismo de tu escote hasta sentir
que enloquecí tu corazón de libertad, ya vas a ver.

(Recitado)
Y así el loco me convida a andar
en su ilusión super-sport,
y vamos a correr por las cornisas
con una golondrina por motor.
De Vieytes nos aplauden. Viva, viva ...
los locos que inventaron el amor;
y un angel y un soldado y una niña
nos dan un valsecito bailador.
Nos sale a saludar la gente linda
y loco pero tuyo, que sé yo, loco mío,
provoca campanarios con su risa
y al fin, me mira y canta a media voz:

(Cantado)
Quéreme así, piantao, piantao, piantao ...
trépate a esta ternura de loco que hay en mí,
pónete esta peluca de alondra y vola, vola conmigo ya:
veni, quéreme así piantao, piantao, piantao,
abrite los amores que vamos a intentar la trágica locura
total de revivir, veni, vola, veni, tra ... lala ... lara ...

Die Nachmittage in Buenos Aires haben ein gewisses Etwas, nicht wahr?

Ich verlasse mein Haus in Richtung Arenales, auf der Straße und bei mir ist alles wie immer,

als plötzlich, hinter jenem Baum, er auftaucht,

eine komische Mischung aus vorletztem Landstreicher und erstem blinden Passagier

auf der Reise zu Venus. Eine halbe Honigmelone auf dem Kopf,

die Hemdstreifen auf die Haut gemalt,

zwei Ersatzsohlen an die Füße genagelt

und ein Fähnchen „Taxi frei" in jeder Hand ... ha ... ha ... ha ... ha ...

Anscheinend sehe allein ich ihn, denn er läuft zwischen den Leuten,

und die Schaufensterpuppen zwinkern mir zu; die Ampeln zeigen mir dreimal hellblau,

und die Orangen des Obstverkäufers an der Ecke bewerfen mich mit ihren Blüten.

Und so, halb tanzend, halb fliegend,

nimmt er die Melone ab, begrüßt mich, schenkt mir ein Fähnchen

und sagt mir „Auf Wiedersehen".

(Gesungen)

Ich weiß schon, dass ich verrückt bin, verrückt, verrückt,

siehst du nicht, dass der Mond durch Callao rollt,

und ein Reigen von Astronauten und Kindern

tanzt einen Walzer um mich herum ...

Ich weiß schon, dass ich verrückt bin, verrückt, verrückt,

ich schaue auf Buenos Aires vom Nest eines Spatzes herab;

und dich habe ich so traurig gesehen; komm, flieg, fühl die irre Laune,

die ich für dich habe.

Verrückt, verrückt, verrückt. Wenn es Nacht wird in der Einsamkeit deines Buenos Aires,

werde ich an den Rand deines Bettlakens mit einem Gedicht

und einer Posaune treten, um dein Herz zu erwecken.

Verrückt, verrückt, verrückt, wie ein irrer Akrobat

werde ich in den Abgrund deines Dekolletés springen, bis ich fühle,

dass ich dein Herz der Freiheit betört habe, du wirst schon sehen.

(Rezitiert)

Und so lädt mich der Verrückte ein,

in seiner Supersport-Illusion mitzulaufen,

und wir laufen auf den Simsen

mit einer Schwalbe als Motor.

Von Vieytes wird uns Beifall geklatscht. Bravo, bravo ...

die Verrückten, die die Liebe erfunden haben;

und ein Engel und ein Soldat und ein kleines Mädchen

führen uns einen Walzer vor.

Nette Menschen kommen raus, um uns zu grüßen;

und verrückt aber dein, was weiß ich, mein Verrückter;

mit seinem Lachen löst er ein Glockenkonzert aus,

und am Ende schaut er mich an und singt halbblau:

(Gesungen)

Lieb mich so, verrückt, verrückt, verrückt ...

komm mit auf diese verrückte Sanftheit, die in mir ist,

setz diese Lerchenperücke auf und flieg, flieg sofort los mit mir:

Komm, lieb mich so, verrückt, verrückt, verrückt,

öffne dich der Liebe, denn wir werden den tragischen, total verrückten Versuch unternehmen, wieder zu leben, komm, flieg, tra ... lala ... lara ...

CREDO DE AMOR EN TANGO

LIEBESERKLÄRUNG AN DEN TANGO

Text: Horacio Ferrer
Musik: Osvaldo Tarantino
Komponiert: 1979

Me preguntas, amor mío, pequeña mía,
qué es el Tango,
y yo, duende del asfalto, te digo:

Creo que Tango es eso
que provoca un clavel en mi solapa,
cuando no tengo ni para claveles,
y voy a verte.
En lo alto de las estaciones de tren,
una paloma se muere del todo
por ese que se muere un poco
esperando a quien no llegó.
Creo que eso es Tango, querida.
Y es tanguista el gato calavera
que se burla de la solterona,
pero que no la abandona jamás.
Y es Tango el timbre que suena y suena
en una casa vacía,
y también hay Tango en los ojos
del que llamó y se va, y se va
con su ausencia puesta.

Creo que es Tango esa hora azul
en que los domingos dejan de alborotar
y se agravan de lunes.
Y esos alegrones sin motivo, viste?
Pececitos de oro
en las profundidades de la vida,
son Tango.
Y es Tango una cara que no reflejan
los espejos de los cafés.
Y es tangueado el son
de la lluvia sobre el techo,
cuando el techo queda sólo sostenido
por nuestras miradas, mi amor.

Creo que el tango es un náufrago
en la ciudad,
pero el náufrago de mayor aliento.
Y canta Tango el agujero de mi zapato,
ojo de presa, sí, en todas las calles
que guardan pasos tuyos, querida.

Y es Tango la modesta misa familiar
que daba Mamá
trepada a la parva de la ropa limpia,
blanqueándola todavía más
con el comentario de su corazón.

Creo que es Tango
ese abrazo que nos dimos
sin saber si era el último.
Y es Tango la melancolía
de los viejecitos que destejen
sus vidas en las plazas.
Y es Tango la aurora,
pero muy atacada de fantasmas.
Y es Tango un frenesí de bocinas
en el atardecer, cuando no me encuentras
y me seguís buscando, amor mío.

Tango es algo que la noche va silbando
y no está en ningún repertorio.
Y es Tango la danza
que hará el último suspiro
con la postrer galantería.
Y creo que es Tango
cualquier síntoma de canción de cuna
en el día final.

Pero ahora que tu adorado rostro
se convierte en rosa de la memoria,
sólo estoy seguro de que Tango
es como decir: te amo, te amo,
amada mía,
pero, por Dios, cómo te amo,
te amo, te amo, te amo.

Du fragst mich, meine Liebe, meine Kleine,
was der Tango ist,
und ich, Gespenst des Asphalts, sage dir:

Ich glaube, der Tango ist das,
was eine Nelke an meinen Rockaufschlag zaubert,
wenn es bei mir nicht mal für Nelken reicht
und ich zu dir gehe.
Oben unter den Bahnhofsdächern
stirbt eine Taube ganz
für einen, der ein bisschen stirbt,
während er auf jemanden wartet,
der nicht gekommen ist.
Ich glaube, das ist Tango, Liebste.
Und tangogleich ist der listige Kater,
der sich über die alte Jungfer lustig macht,
sie aber nie verlässt.
Und Tango ist die Klingel, die unaufhörlich läutet
in einem leeren Haus.
Und auch der hat Tango in den Augen,
der geläutet hat und weggeht, weggeht
und seine Abwesenheit hinterlässt.

Ich glaube, dass Tango jene blaue Stunde ist,
in der die Sonntage ihren Trubel einbüßen
und schwer werden vom nahenden Montag.
Und jene grundlosen Freuden, weißt du?
Die goldenen Fischlein
in den Tiefen des Lebens
sind Tango.
Und Tango ist ein Gesicht, das
man in den Spiegeln der Cafés nicht sieht.
Und tangogleich ist der Klang
des Regens auf dem Dach,
wenn nur unsere Blicke
das Dach tragen, meine Liebste.

AMABLEMENTE

LIEBENSWÜRDIG

Text: Ivan Diez
(Pseudonym von Augusto A. Martini)
Gesungen von Edmundo Rivero

Ich glaube, dass der Tango ein Schiffbrüchiger
in der Stadt ist,
aber derjenige mit dem größten Mut.
Und es singt Tango das Loch in meinem Schuh,
ein Auge auf der Jagd in all den Straßen,
die deine Schritte bewahren, Liebste.

Und Tango ist die bescheidene Hausmesse,
die meine Mutter
auf dem Haufen der sauberen Wäsche hielt,
die sie durch die Stimme ihres Herzens
noch weißer machte.

Ich glaube, dass es Tango war,
als wir uns umarmten,
ohne zu wissen, ob es das letzte Mal war.
Und Tango ist die Melancholie
der Alten, die auf den Plätzen
die Seiten ihres Lebens aufblättern.
Und Tango ist die Morgenröte,
jedoch von Geistern schwer geplagt.
Und Tango ist ein schrilles Hupkonzert
bei Sonnenuntergang, wenn du mich nicht findest
und nicht aufhörst, mich zu suchen, meine Liebste.

Tango ist etwas, das die Nacht vor sich hin pfeift
und in keinem Repertoire vorkommt.
Und Tango ist der Tanz,
der seinen letzten Atemzug machen wird
mit der letzen Galanterie.
Und ich glaube, dass Tango
jede Andeutung eines Wiegenlieds
am Jüngsten Tag ist.

Aber jetzt wo dein angebetetes Gesicht
zu einer Rose der Erinnerung wird,
weiß ich nur eins sicher – dass Tango
ist, wie wenn man sagt: ich liebe dich, ich liebe dich,
meine Geliebte,
mein Gott, wie ich dich liebe,
ich liebe dich, ich liebe dich, ich liebe dich.

La encontró en el bulín y en otros brazos …
Sin embargo, canchero y sin cabrearse,
le dijo al gavilán: „Puede rajarse;
el choma no es culpable en estos casos.“

Al quedarse bien solo con la mina,
buscó las alpargatas y, ya listo,
murmuró cual si nada hubiera visto:
„Cebame un par de mates, Catalina.“

La grela, jaboneada, le hizo caso.
El tipo, saboreandose un buen faso,
la mateó, chamuyando de pavadas …

Y luego, besuqueandole la frente,
con toda educación, amablemente,
le fajó treinta y cuatro puñaladas.

Er fand sie im Zimmer und in fremden Armen …
Trotzdem sagte er dem Gentleman
verständig und ohne auszurasten: „Sie können abhauen;
den Mann trifft in diesen Fällen keine Schuld.“

Als er ganz allein mit der Frau war,
holte er sich die leichten Schuhe, daraufhin
murmelte er, als hätte er nichts gesehen:
„Mach mir einen Matetee, Catalina.“

Die Frau, erschrocken, gehorchte.
Der Typ, eine gute Zigarette genießend,
trank seinen Mate, über Nichtigkeiten schwatzend …

Und danach, ihr Antlitz küssend,
mit den besten Manieren, liebenswürdig,
stach er vierunddreißig Mal auf sie ein.

CREDITS

Der Fotograf dankt:
Jens-Eric Vest, Helmut Fischer und Fred Steinbach, die als Produzenten des Films dieses Projekt erst möglich gemacht haben, Chris Römer für ihre unermüdliche Organisationsarbeit, Charlotte Popp, seinen Freunden Ivo Fuchs und Felix Guder sowie dem gesamten Team in Buenos Aires, besonders Mariana Brzostowski, Javier Naya und Victoria Lustig.

Informationen zum Fotografen:
www.christian-sauter.de
Informationen zum Film:
www.coneltango.com

Dieses Buch wurde unterstützt durch:
Filmandmusic No 1 GmbH
Iconstorm – Agentur für Markentechnik GmbH & Co. KG
Magna Mana Production GmbH Frankfurt am Main

Inhaltliches und visuelles Konzept:
Annette Müller und Felix Guder

Essay „Tango Argentino" und Künstlerporträts:
Kathleen Göpel

Übersetzung der spanischen Texte ins Deutsche
(S. 9, 160-165):
Montse González, Berlin

Dank gebührt Horacio Ferrer für die Erlaubnis zur Wiedergabe seiner Texte „Balada para un loco", „Credo de Amor en Tango" und „Buenos Aires el Alma del Tango".

Dem Carl Hanser Verlag danken wir für die freundliche Genehmigung zum Abdruck des Textes von Jorge Luis Borges aus dem Band: Jorge Luis Borges, Gesammelte Werke Band 1. Der Essays erster Teil. Evaristo Carriego/Diskussionen. Aus dem Spanischen von Karl August Horst, Curt Meyer-Clason, Melanie Walz und Gisbert Haefs
© 1999 Carl Hanser Verlag, München - Wien

„Amablemente"
M+T: Leonel Rivero/Ivan Diez
© by Editorial Lagos
Für Deutschland, Schweiz, GUS, osteurop. Staaten (ohne Baltikum), Türkei und Länder des ehem. Jugoslawien: Neue Welt Musikverlag GmbH & Co.KG

„Mi Buenos Aires querido"
M+T: Carlos Gardel/Alfredo Le Pera
© by Editorial Musical Korn Intersong Saic
Für Deutschland, Österreich, Schweiz, GUS und osteuropäische Länder: Hanseatic Musikverlag GmbH & Co.KG

„Malena"
M+T: Homero Manzi/Lucio Demare
© by Editorial Musical Korn Intersong Saic
Für Deutschland, Österreich, Schweiz, GUS und osteuropäische Länder: Hanseatic Musikverlag GmbH & Co.KG

Redaktion: Bettina Hüllen, Berlin
Gestaltung: Felix Guder
Repro: Mega-Satz-Service, Berlin
Druck: Medialis, Berlin
Bindung: Kunst- und Verlagsbuchbinderei Leipzig

Printed in Germany   ISBN 3-89479-189-6